院士的青葱岁月

英雄城市武汉

雷宇 编著

中国青年出版社

2022年度湖北省高等学校哲学社会科学研究重大项目成果
（省社科基金前期资助项目）编号：22ZD050

2024年度共青团武汉市委青少年思想引领课题

编委会

特别致谢　中青校媒
华中师范大学美术学院
华中科技大学艺术与科学研究中心

黄旭华

梅花香自苦寒来

自強、自信、自立、自愛，做國家棟梁人才

李德仁

风正一帆远，

樹直百年材。

[signature]

机遇，

只给作好准备的人！

傅廷栋

顺境中自律
逆境中自强
邓子新

顺境出产量

逆境促品质

邓秀秋

天高任鸟飞
海阔凭鱼跃

[illegible]

國家有唯

匹夫有责

陳耕

"风物长宜放眼量"

共勉

杨叔子

瑜园

努力学习

敢于创新

赵梓森

勇于创新！

乐于创新！！

善于创新！！！

苏智

青年人要切记
爱祖国、爱人民
爱学习、爱劳动

张俐娜

目录

附录1

附录2

拿破仑有句名言，“不想当将军的士兵不是好士兵”。共和国勋章、国家最高科学技术奖获得者黄旭华院士还想再加上一句——“只想当将军的士兵也不是好士兵”。中学时也曾“一再输在起跑线上”的这位“中国核潜艇之父”寄语今天的青少年一代，“行行出状元，要做各自岗位上的将军”。

——黄旭华

在国家需要中找到人生方向

弃医从工三十年深潜海底龙宫赫赫无名，
以身许国一甲子托举国之重器从无到有

◎ 黄旭华院士

今天的青少年一代或许难以想象，被外界誉为“中国核潜艇之父”的黄旭华院士中学时代却“一再输在起跑线上”。

在那个硝烟四起的年代，即使是身在家境殷实的杏林之家，黄旭华也曾几度无学可上——小学毕业后辍学半年多，初中只读了两年半，高中仓促毕业，在军车炸药箱上坐了整整七天到重庆“寻一张安静的书桌”，一年后才考入大学。

回首过往，这位鲐背之年的老人更愿意用“梅花香自苦寒来”来概括自己的世纪人生。

弃医从工追逐科学救国梦，荒凉孤岛潜心科研龙宫探险，他和我国科学家团队不到十年便实现了毛主席“核潜艇，一万年也要搞出来”的誓言。而他自己也成长为我国第一代攻击型核潜艇和战略导弹核潜艇总设计师。

中学时代背井离乡、历经烽火的求学路培养了他坚韧不拔的品质，让他日后面对恶劣的科研环境仍甘之如饴；项目攻关的紧张时刻，他用音乐排解困顿，少年时的兴趣爱好让他终身受益。

这位2013年“感动中国”年度人物常常走进青少年之中现身说法：今天的幸福生活不是从天而降，青年兴则国家兴，青年弱则国家弱。青年一代必须清楚自己肩负的历史使命，“在国家需要中寻找人生方向。”

一波三折的求学路

黄旭华的中学时代是在战乱中度过的。

1924年2月，黄旭华出生在广东省海丰县田墘镇一个杏林之家，原名黄绍强，在九个孩子中排行老三。父母开设药房救死扶伤，享誉乡里。

高小毕业时，恰逢全面抗战爆发，他一度长达半年无学可上，辍学在家。

得知县城聿怀中学搬迁后落脚揭西山沟五经富的消息，黄旭华正月初四跟二哥背起行囊朝新校址进发，徒步山路四天，脚都磨出了血泡。

爬过最后一个山头，目之所及让他不禁心凉，几个四面透风的草棚就是他要找的学校。

聿怀，语出《诗·大雅·大明》，“维此文王，小心翼翼，昭事上帝，聿怀多福”；意为笃念，有“胸怀广阔”之意。

这所迄今130多年历史的学校，在民国时期就已是汕头一带最负名望的中学，而今更有“一校五院士”之美誉。

即使在大山中最艰苦的环境下，学校依然能开出语文、数学、外语、物理、化学全部课程，甚至还有动物学、植物

▲ 院士早期照片

学等课程。

烽烟之下，坚持学习。白天上课，每当日寇飞机响起，老师便拿起小黑板带着大家往外跑，“冬天藏在甘蔗地里，夏天躲在大树底下”，读书上课就像“打游击战”。

文化课之外，球类比赛、歌唱比赛、话剧表演等课外活动丰富多彩，黄旭华曾在篮球比赛中获得一枚奖章。抗日浪潮下，“狂呼社”“叱咤社”等学生社团应运而生。

师生每餐只有稀饭，有时把油条剪成片蘸着酱油当菜吃；煤油都是奢侈品，晚上就用墨水瓶装豆油、菜油当照明灯自习，夙夜匪懈。

学校不断搬迁，度过了两年多初中生活后，黄旭华决定投考桂林中学。北上梅州，因错过考期前行受阻，只好在广益中学栖身一载。

兵荒马乱中，他与家人失联，曾在出租屋中连饿三天差点毙命，“全身冒冷汗”之时，家中汇款奇迹般到来。

1941年初夏，黄旭华经过整整两个月的晓行夜宿，终于抵达桂林，并顺利通过桂林中学的入学考试。

在这个大后方的文化中心，名流云集，也给学校输送了大量优秀的师资。

英语老师柳无垢是柳亚子之女、宋庆龄秘书，这位姑苏才女欧美阅历深厚，教学理念先进，每次她课堂的下课铃响时，总让同学们意犹未尽。任教师时她还常出入美国驻桂林领事馆，在课堂上带来许多时政要闻和“二战”进程的消息。

戴眼镜的数学老师许邵衡曾是大学教授，数学课深入浅出，让黄旭华深深地爱上了这门课程，毕业时把大代数整理成厚厚一本讲义保存至今。正是许老师的指引，黄旭华学好了数学，物理、

◀ 指挥大合唱

化学成绩也变得出色起来，为报考交通大学奠定了理科基础。

桂林中学实行半军事化管理，学生们剃光头、统一军服，每人一支木制步枪。有个同学偷偷出门还被关了禁闭。

紧张而严苛的学习中，黄旭华和很多同学结下了深厚的友谊。同学强自强家境好，曾带来一罐瓶装的猪油和大家分享，“吃饭时舀上一勺，香死了”。

在国家需要中找到人生方向

黄旭华父母搬离相对富庶的老家揭阳，到海丰最苦、病人最多、最需要医生的地方开医馆，遇到穷苦病人就免费医治。杏林之家的耳濡目染，使得黄旭华从小立志继承父母职业，悬壶济世。

然而，日寇的肆意横行击碎了他的儿时梦想。

地方排演抗日话剧《不堪回首望平津》，13岁的黄旭华因为长相秀气男扮女装饰演逃亡小姑娘。

◀ 早期全家福

▶ 黄院士全家福

有一次演出时，传言日军要在附近登陆，但整个广场的观众没有一个离开。剧中汉奸被抓到的那一刻，饱含热泪的观众们高喊“杀！杀！”的情景在黄旭华脑海中留下深深的烙印。

在桂林中学，每当警报响起，大家纷纷跑进山洞，“警报一天不解除，就要在山洞挨饿一天”。

面对日军狂轰滥炸，桂林满城烟尘、一片废墟，少年黄旭华忍不住求教柳无垢老师：“为什么日本鬼子想炸就炸、想杀就杀？为什么中国这么大，却连个安心读书的地方都没有？”

“因为我们国家太穷太落后了，穷国落后就要受人家的欺负，受人家宰割。”柳无垢回答。

身边的同学彭先祯也选择了投笔从戎。这位即将奔赴杭州笕桥中央航校的英武少年临走前倾吐心声：“天下兴亡，匹夫有责。”

“我不学医了，我要学航空，学造船。”黄旭华内心发出呐喊。校园里，他借“旭日荣华”一词改名“黄旭华”，“寓意中华民族如旭日东升般崛起”。

1944年6月，仓促毕业后的黄旭华坐在一辆军车的炸药箱上颠簸七天来到重庆，进入国民政府为流亡学生开办的大学特设先修班。

生于海畔，耳闻目睹日寇登陆沿海、杀害渔民，面对中央大学航空系和交通大学船舶系的录取结果，他毅然选择后者，从此开始了一生探寻保卫祖国海域、抵御外侮的人生道路。

1958年，苏联断然拒绝我国核潜艇工程帮助请求，赫鲁晓夫嘲笑中国“搞核潜艇简直异想天开”。

核潜艇能潜在海底几个月，即使国家受到毁灭性核打击，只要还有一艘核潜艇，也足以给敌人以同样毁灭性的还击。

牵系国家安危，毛主席说出了鼓舞一代人奋斗终身的话：核潜艇，一万年也要搞出来！

没学过，甚至从来没见过核潜艇的模样，黄旭华和同事们顶着基地葫芦岛的风沙和“文革”时的批斗，从友人自国外带回的两个美国“华盛顿号”核潜艇的儿童玩具模型起步，开始了白手起家的国之重器探索历程。

此后经年，中国陆续实现第一艘核潜艇下水，第一艘核动力潜艇交付海军使用，第一艘导弹核潜艇顺利下水，成为继美、苏、英、法之后世界上第五个拥有核潜艇的国家。

作为中国第一代攻击型核潜艇和战略导弹核潜艇总设计师，曾经三十年赫赫而无名的黄旭华最终也迎来了自己人生的高光时刻——他两度获得国家科学技术进步特等奖，成为中国工程院首届院士。

“只有把个人的抱负和国家的需要紧紧相连，才能实现真正的人生价值。”多年后，他在给中学生做报告时如是分享。

为了工作保密，黄旭华30年没回家，父亲、二哥逝世他都未能奔丧。直到1987年《文汇月刊》刊发《赫赫而无名的人生》，母亲含泪细看，认定主人公就是多年未归的三儿子黄旭华。

有人问黄旭华，忠孝不能双全，你是怎么理解的？这位2013年度“感动中国”人物的答案是，“对国家的忠，就是对父母最大的孝”！

“只想当将军的士兵不是好士兵”

小时候，黄旭华目睹父亲弹奏扬琴，常常模仿父亲弹奏一二。中学时，他自学了口琴，和同学一起组建起乐团；也曾拉

▲ 试验现场留影

过一段小提琴，最后因为练习耗时太多放弃了。

在核潜艇研制最困难、最紧张的时候，黄旭华总能在音乐中舒缓压力、获得灵感，“音乐对于陶冶情操很有帮助”。

音乐之外，体育同样让他受益良多。

中学时篮球得过奖章，拿过乒乓球的三级运动员，长期坚持锻炼让他扛过了“文革”时白天养猪、彻夜研究的日子，如今94岁高龄的他每天坚持上班，与记者一个多小时的交流中，思路清晰、中气十足。

反观今天的中学生，时间被考试课目安排得满满当当，“把同学们束缚得太死了”。

去年，黄旭华外孙保送清华大学，还获得了全国物理竞赛一等奖。在家长们眼中，这绝对是“别人家的孩子”。

然而黄旭华认为，相较于各学科交叉研究的需求，现在的学校教育“太专业了”，外孙在中学成长中“放弃了很多”，比如文学修养不够，“那么多名著，那么多人生道理对一个人的性格培养很重要”。

他曾在北京一个竞赛上，看到从全国各地汇聚的中学生们，一个个戴着眼镜、弱不禁风的样子，不禁扼腕叹息：“理想的教育不是这样，德、智、体、美要全面发展。”

面对中学生求教“学习方法”，他追忆往昔，总结一个人的发展主要有三个因素，第一个是天资，第二个是勤奋，第三个是机遇。他认为自己不算太聪明也不是太笨，成功的背后更多是勤奋和面对机遇下的坚持。

“看准方向、坚持到底很重要。”多年来与年轻一代接触中，他注意到一个现象：不少人不安于自己的工作，总是这山看着那山高，频频跳槽。“也许他可以发财，但他事业上不可能有大的成就。事业上要有大的成就就要看准，要坚持下去，一个人能够工作的时间并不多，要坚持做好。”

这个自认为“不聪明也不太笨”的长者用一生为此写下注脚——从1958年我国研制核潜艇的“09”工程诞生至今，很多人来来走走，而他一经踏足便是60年光阴痴心不改，被誉为中国核潜艇从无到有、从有到精的唯一的全程参与者和见证者。

黄旭华院士所在的研究所里一直流传着一段逸事。一次出差，难得有闲暇逛街，看见一种花布料子不错，他专门买回家准备给夫人做一件衣服。夫人见后又喜又气，因为这种花布衣服自己已经穿了好几年，长期沉醉在科研中的黄旭华硬是没印象。

同样可以为“坚持的力量”佐证的是，曾经的科研基地葫芦岛“一年两次风，一次刮半年”，种下的树苗不过几天就被吹跑。

一代代的接力奋斗中，而今的葫芦岛已成为中国优秀旅游城市、国家园林城市。

拿破仑有句名言，“不想当将军的士兵不是好士兵”。黄旭华还想再加上一句——“只想当将军的士兵也不是好士兵”。他寄语今天的青少年一代，“行行出状元，要做各自岗位上的将军”。

（雷宇、刘振兴、江婷，719所黄旭华院士办公室）

个人简介

黄旭华，1926年3月12日生于广东汕尾，我国第一代攻击型核潜艇和战略导弹核潜艇总设计师，中船重工集团公司719研究所研究员、名誉所长。1994年当选为中国工程院院士。

1945年考入国立交通大学（今上海交通大学）。1949年，毕业并成为中共预备党员。当年七月，进入上海市委党校学习，先后在上海军管会船舶建造处、上海招商局（海运局）工作。1954年，调到上海船舶工业局，选送参加苏联援助的几型舰船的转让制造和仿制工作。1958年，调到北京海军，任核潜艇研究室副总工程师。1961年11月，被任命为国防部第七研究院〇九研究室副总工程师。1965年起，任新组建的719研究所副总工程师。1970年，由其主持设计的我国第一艘核潜艇“长征一号”正式列入海军战斗序列。1983年，被任命为第一代核潜艇的总设计师。

他在核潜艇发射运载火箭的多次海上试验任务中，作为核潜艇工程总设计师和副指挥，开拓了我国核潜艇的研制领域，被誉为“中国核潜艇之父”。由于在核潜艇领域的突出贡献，黄旭华被评为2013年度“感动中国”十大人物，并荣获2017年度何梁何利基金科学与技术成就奖、第六届全国道德模范敬业奉献类奖项。

一问一答

问：您在中学时如何处理兴趣爱好与学业的关系？

答：在学校时，学习还是主要的，爱好起辅助学习的作用。我们潮州人喜欢音乐，我在聿怀中学生活很苦，住草棚，早饭只吃一碗稀饭，几片油条加点酱油。学校的环境原来很好，因为日本的侵略，我们后来不得不到山沟里学习。所以学生们自然而然有了这样的想法：一是对敌人感到愤慨，二是发奋要好好读书。

问：对于今天的青少年来说，有时候虽然看准了人生方向，但是难免要面对挫折，怎样去迈过这个坎儿？

答：这要和社会主义核心价值观联系起来，我认为最重要的是追求人生价值。如果你的人生观与你的人生价值不一致，你摔倒后就爬起来，总结经验、继续前行。科学技术的发展没有平平淡淡的道路，不可能一帆风顺，特别是探索未知的时候。我们现在强调“创新”，在科学道路上，更多的情况是障碍重重，荆棘丛生。

问：管理学上有一个观点，行业领袖不一定是最聪明的人，但一定是在这里面熬的时间最长的人。您怎么看？

答：我举的这个例子不一定恰如其分。刘邦当皇帝时，有人问他跟张良、萧何、韩信相比有哪些特点。刘邦回答道，论管理自己比不上萧何，论政治也不比张良，论军事不如韩信，但是他们只管各自的，没有把大家统筹起来的能力。

我们核潜艇有三驾马车：潜艇、反应堆、导弹，马车不仅有车，还有壮马，但是要把三者统筹起来，怎么让马听命于你，赶马的马夫不能只管各的。

就如同心脏之于人，虽然重要，但不能代表整体，五脏六腑都不能少。

延伸阅读

许身报国的『深潜』传奇

◎黄旭华院士

▲ 黄旭华（绘：张洋子）

2017年11月17日，全国精神文明建设表彰大会在京举行。

当晚，央视《新闻联播》报道：习近平高兴地同代表们握手，亲切交谈。当他看到93岁的中船重工719研究所名誉所长黄旭华和82岁的贵州省遵义市播州区平正仡佬族乡草王坝村原党支部书记黄大发时，习近平握住他们的手，请他们坐到自己身旁。两人执意推辞，总书记一再邀请，最后两人在总书记身边坐下。现场这一小小细节，感动全场，大家长时间热烈鼓掌。

总书记请老人坐在自己身边的暖心举动，感动了全国人民，同时也让大家记住了黄旭华这个名字。然而，曾经在近30年里，8个兄弟姐妹都不知道黄旭华在搞核潜艇，父亲临终时也不知他是干什么的，母亲从63岁盼到93岁才见到儿子一面。

如今，黄旭华身兼数职：中船重工719研究所名誉所长、首批中国工程院院士、我国第一代攻击型核潜艇和战略导弹核潜艇总设计师。在业内，他被誉为“中国核潜艇之父”。

与惊涛骇浪做伴的“深潜”研究

1958年，我国批准核潜艇工程立项。核潜艇是集核电站、导弹发射场和海底城市于一体的尖端系统工程。其中，核动力装置、艇体结构及艇型等7项难题号称“七朵金花”。这一年，黄旭华被秘密地召集至北京，加入了研制导弹核潜艇的29人的小队伍，成员平均年龄不到30岁，他们迅速开始了我国第一代核潜艇的论证与设计工作。那时中苏关系尚处于蜜月期，依靠苏联提供部分技术资料，是当初考虑的措施之一。

1959年，苏联提出中断对中国若干重要项目的援助。赫鲁晓夫访华时傲慢地说：“核潜艇技术复杂，价格昂贵，你们搞不了！”

▲ 黄旭华院士接受采访后合影留念

毛泽东听后发誓：“核潜艇，一万年也要搞出来！”为攻克难关，黄旭华和同事们别无选择，只能一步一步地摸索向前。

幸运的是，友人从国外带回两个美国“华盛顿号”核潜艇的儿童模型玩具，玩具“窗户”掀开后，里面是密密麻麻的设备。他没想到，这两个玩具，竟然和他们凭着零零散散的资料、完全靠想象画出来的核潜艇图纸基本上一样。有人开玩笑说，中国的核潜艇研制工作是从一个核潜艇玩具模型开始的。

1965年春，专司核潜艇研制的“中国核潜艇总体研究设计所”在渤海湾的一个“一年两次风，一次刮半年”的荒岛成立，黄旭华也随即开始了他的荒岛人生。顶着来自“文化大革命”的各种干扰和批斗，白天养猪，晚上设计，他带领着研究所的设计人员克服常人所无法承受的各种困苦，攻克一个又一个的技术难关。

为了艇上千万台设备，上百公里长的电缆、管道，他要联络全国24个省市的2000多家科研单位，工程复杂。在没有任何参考资料的条件下，黄旭华和同事们大海捞针一般从国外的新闻报道中搜罗有关核潜艇的只言片语。黄旭华至今还珍藏着一把“前进”牌算盘，在没有计算机之前，研制核潜艇的许多关键数据就是用这把算盘算出来的。黄旭华说，为了保证数据准确，常常是两拨人一起算，结果一致还好，不一致两边都要重新算。

由此，黄旭华和同事们在没有外援、没有资料、没有计算机的“三无”情况下，创造了世界核潜艇研制史上前所未有的速度：1970年，中国第一艘鱼雷攻击型核潜艇下水；1974年8月1日，中国第一艘核潜艇被命名为“长征一号”，正式列入海军战斗序列。中国成为世界上第五个拥有核潜艇的国家。

1988年4月29日，中国核潜艇按设计极限在南海首次进行深潜试验。所有参试人员明白，中国只有常规潜艇下潜经验，而核潜艇要复杂得多、危险得多。20世纪70年代末，美国的“长尾鲨号”就是在深潜试验时，下去后再没有上来，全艇160多人葬身海底。

“一个扑克牌大小的钢板，承受水的压力是一吨多，100多米长的艇体，任何一个钢板不合格、一条焊缝有问题、一个阀门封闭不足，都可能导致艇毁人亡。”黄旭华这样形容深潜试验的危险性。

试验开始前，有几个艇员偷偷给家里写信，“万一回不来，未了的事情，请家里代为料理”，实际上是遗书。黄旭华亲自和艇员们座谈，缓解紧张情绪。最后，他语气坚定地说，“我要和大家一起参加极限深潜试验，下潜300米！”这句话立即威震全场，让悲壮气氛一扫而光。

终于，试验成功了！中国不仅创造核潜艇下潜新纪录，而且在此深度下，核潜艇的耐压艇体结构和海通系统安全可靠，全船设备运转正常。黄旭华，这位世界上第一位亲自参与核潜艇极限深潜试验的总设计师，即兴挥毫：“花甲痴翁，志探龙宫，惊涛骇浪，乐在其中！”一“痴”一“乐”，尽显其对核潜艇事业的痴迷，报效祖国的赤子之心。

“不孝子”离奇失踪的岁月

中国的核潜艇事业从荒岛上起步。一首打油诗这样描述该岛：风沙大，姑娘少，兔子野鸡满山跑。

在这样的艰苦条件下，黄旭华带领同事当“挑夫”。他利用出差的机会，从外地带肉、油、米等食品返岛。最厉害的“挑夫”曾经一个人带回重达150斤的包裹，最壮观的场面是大人小孩浩浩荡荡30多人的接站队伍。

物质生活一贫如洗，科研手段和科学设施也是一片空白。一代艇上马时，我国的科研水平和工业生产能力并不足以支撑核潜艇研制。但研制工作“三项原则”明确指示：要立足国内，从现实出发，在主要战术技术性能上力求配套，可以作为战斗艇交付使用。要求与现实形成了尖锐对立，是等待条件成熟再干还是“人定胜天”地蛮干下去？黄旭华提出“骑驴找马”策略：即便驴都没有，也要两条腿先走起来。

从1958年到1986年，由于工作内容涉及国家机密，黄旭华没有回过一次老家去探望父母。在为数不多的家信中也只能告诉父母自己在北京工作，但单位、地址和具体内容只字未提。

20世纪70年代，黄旭华的父亲病重，他未能回家；父亲去世时，他忙于工作，也无法回去奔丧；至死，父亲也不知道在北京的儿子在干什么。每逢春节，家里的人聚在一起，只有他这个“三哥”永远缺席，大家都会对他有所埋怨：“不知道在做什么，忙得连娘老子都不看了！”

为研制核潜艇，黄旭华曾“隐姓埋名”近30年。那些年，黄旭华就如“人间蒸发”一般。“对于父母，三儿子就是一个北京的信箱号码。”每提及此事，黄旭华眼含泪水。

1987年，上海《文汇月刊》登了一篇题为《赫赫而无名的人生》的长篇报告文学，详细介绍了中国核潜艇总设计师的人生经历。文章通篇只说“黄总设计师”，并未提及具体名字，但文中提到了黄总设计师的夫人李世英。

黄旭华把当期杂志寄给了母亲。老母亲这才终于知道了一直不知踪迹的三儿子是在进行一项惊天动地的大事业，喜极而泣。她把所有的子女都叫到身边，叮嘱他们：“三哥的事情，大家要谅解、要理解，不要再埋怨他。”

得知家人的理解，黄旭华哭了，他说：“对国家的忠就是对父母最大的孝。”1988年，两鬓斑白的黄旭华回到广东老家，母亲已93岁。

黄旭华的妻子李世英说，婚后不久，黄旭华就离开了家，直到6年后才聚到一起。“他在家的时间很少，就算在家也什么都不管，是个甩手掌柜。”他从外地回家，女儿问他：“爸爸，你到家里出差了？”

“他这辈子，连双袜子都没自己买过，全忙在工作上了。”据李世英说，黄旭华生活简单随意，从不计较。“他嫌理发排队浪费时间，即使头发很长了也不去理。我就买了剃头刀，给他理发好几十年了。”黄旭华由衷地说：“我很感谢她，这么多年能理解我、支持我，还甘愿挑起生活重担。”

黄旭华曾被评为“感动中国”2013年度人物，评委会的颁奖词是：时代到处是惊涛骇浪，你埋下头，甘心做沉默的砥柱；一穷二白的年代，你挺起胸，成为国家最大的财富。你的人生，正如深海中的潜艇，无声，但有无穷的力量。

与总书记“挤坐”在一起的道德模范

现在，每个工作日清晨，黄旭华依然会出现在他的办公室。“现在不行了，看书要老花镜和放大镜叠在一起才行。”尽管如此，他依然坚持整理自己几十年研究核潜艇的个人资料，按学术、讲话、生平等进行归类。

从1958年开始研制核潜艇，1970年中国第一艘攻击型核潜艇下水，1988年完成中国第一代核潜艇深潜试验和水下运载火箭发射试验后，黄旭华把这个使命般的接力棒传给了新一代核潜艇研制人员。在他心里，核动力专家赵仁恺、彭士禄，导弹专家黄纬禄，都是“中国核潜艇之父”。他说，在全国千千万万人的大力协同下才有了中国第一代核潜艇。

多年来，他过着雷打不动的规律生活。早上6点起床，6：30去打太极长拳，7点钟吃饭，再去上班。毕竟已是耄耋之年了，“我现在只能上半天班，只做‘场外指导’，让年轻人放手去干”。

在核潜艇总体研究所，黄旭华送给年青一代的科研设计人员“三面镜子”。他说，核潜艇科研人员必须随身带上“三面镜子”，一是“放大镜”——扩大视野，跟踪追寻有效线索；二是“显微镜”——放大信息，看清其内容和实质；三是“照妖镜”——鉴别真假，汲取精华，为我所用。

年逾九十的黄旭华依然精神矍铄，到底有什么长寿秘诀？黄旭华笑着说："保持孩子气，忘记年龄。"在许多人印象中，科学家总是严肃刻板的，可黄旭华不一样，他永远笑容可掬、和蔼可亲。他的老同事们说，即便是在当年被批斗喂猪、极限深潜时你也很难看到他严肃的表情。

2017年，黄旭华荣获第六届全国道德模范。11月17日，全国精神文明建设表彰大会在京举行，与会代表得到中共中央总书记习近平的接见并合影留念。老人没有想到的是，习近平拉着他的手，请他坐到自己身旁来，于是执意推辞，习近平却一再邀请，说："来！挤挤就行了，就这样。"

"总书记给我的印象是特别平易近人，尊重和爱护老人，尊重知识分子。"总书记的会见，让黄旭华又一次感受着党和国家赋予的使命与荣光。他激动地说："我做梦也没想到，总书记竟然把我请过来坐到他身边，还问了我的健康状况。"

从此，中华儿女认识了一直"深潜"茫茫人海中的"中国核潜艇之父"黄旭华！

（根据《中华儿女》2017年12月28日报道整理）

“一个好老师千万不要有统一的答案，要留些题目给学生自己创造的空间。”湖北唯一同时获得中国科学院院士、中国工程院院士两院院士殊荣的李德仁教授说。

——李德仁

青年一代要敢于提问敢于质疑

青年人努力的方向是『读书、思维、创新、改革』

◎两院院士李德仁

在江苏省泰州中学的校园里，有一个古老的书院，书院里长着一棵八百多岁的银杏树，李德仁每次回到母校，总要在这棵银杏树下拍张照片。

这位湖北省唯一的两院院士，从中学课外兴趣小组得到测量学的启蒙，误打误撞跨进武汉测绘学院大门，从此开始了近60年的测绘生涯。在以他为首的科学家团体的努力下，中国测绘科学与美德并驾齐驱，三足鼎立。

回望漫漫人生路，他依旧感怀在泰州中学求学的日子，难忘银杏树下的美好时光，难忘当年校园里“老师爱学生、学生尊老师的和谐气息”。

多年后，他在一篇回忆母校的文章中这样写道：“如果说我在学术上还取得了一些成就，我还真要感谢六年精彩的中学时代的奠基。”

“中学是最好的时光”

李德仁出生在江苏省泰县溱潼镇，家里世代经商，曾出过几任地方商会会长。殷实之家，家教甚严，“‘孝德永彰’的牌匾一

▲ 1967年，李德仁与朱宜萱新婚时庆祝武汉长江大桥建桥十周年留影

直在家里挂着”。

1951年秋天，11岁的李德仁小学毕业，母亲带着他坐了一个小时的汽船到地区的泰州中学参加小升初考试。

此后的六年中学时光，李德仁都在这所有着千年书院传承的江苏名校度过。由于上学比别人早，初进中学的李德仁瘦瘦小小，个子只有一米五多。第一次离开家时，李德仁望着母亲离开的背影，“还哭了鼻子”。

令李德仁开心的是，住校生活并没有想象中那么痛苦。

城里的老大娘帮孩子们洗衣服，高年级学生在早晨为低年级的同学分发洗脸热水，“一瓢水小部分落在漱口杯里，大半落在脸盆中”，每天上午10点钟，食堂的师傅将热豆浆送到教室分发给每个学生。

班主任徐老师管理着李德仁每月五角的零花钱，“这五角钱可有大用处，五分钱的花生米，配上两块油炸臭豆腐，物理老师告诉我们，那就是外国人吃的奶酪的味道”。

一个班里坐着几十个孩子，吃饱了以后就开始挤着堆儿学习。一个很亮很亮的灯泡吊在天花板上，一群孩子在老师的监督下开始晚修，“大家都在一起，很守纪律，会做的帮不会做的同学，互相帮助”。

李德仁功课向来很好，当过班长、团支部书记，做过数理化的课代表，但这也无法掩盖少年时代的淘气，有时晚自习还没上完，他提前完成了作业，就溜回宿舍和同学聊天，拉胡琴，抄歌谱。

课余时间，打羽毛球、乒乓球、小皮球是经常性的活动，学校附近一家新建的电影院也是他时常光顾的地方。

高三那年，祖籍泰州的京剧大师梅兰芳先生率夫人和幼子梅葆玖及其京剧团回乡省亲在家乡演出，李德仁甚至跑上街连续看完五场演出。

“我的孙子、孙女就没有这个福气了，”李德仁感慨，看到孙子孙女每天面对无数的作业和参考资料，虽然生活条件好了，却一点也不比从前快乐。

“过早地将孩子们推向竞争的角斗场，对孩子们真的好吗？”李德仁难以忘怀中学时代的多彩生活，他很想让孙子孙女拥有像自己那样的中学时光，但也有些无可奈何，“你不学别人在学，你就掉队了，高考指挥棒影响力这么大，家长哪个不‘望子成龙’呢。”

“好老师没有标准答案”

清贫但愉快的中学时代，李德仁学得游刃有余。“因为中学时的老师水平都特别高”。

在那个年代，地理老师是走过国内外将近100个城市的“活地图”，上课像在讲故事，不知不觉就下课了，李德仁至今记得老师当时用了三句话描述贵州，“地无三里平，天无三日晴，人无三两银”，太生动了。

现在孩子们都很头疼学英语，但是在李德仁的中学阶段，枯燥乏味的英文学习却充满了乐趣：“老师会画一个‘井’字格，在任意一个位置填一个字母，像填字游戏一样，看我们谁能组出的单词更多。”

其时，学校的老师面对苏联专家错将银杏树介绍为白果树的故事一度成为激励意气风发的少年们学好英语的动力。

尽管高中就改学俄语，但就靠着三年初中打下的基础和后来的自学，在如今的课堂上，李德仁仍能用流利的英语为留学生讲课。

除了课堂学习，他参加了许多兴趣小组，数学课外活动小组和化学课外活动小组是他的最爱。

叶凤梧是李德仁的数学老师，他亲自带领学生用小平板仪测量学校旁边一座颇有来历的小山的高度，“这也许就是我后来学测绘遥感的一种启蒙吧”！

化学老师朱广鉴是江苏名师，李德仁跟着他做实验，自己亲手做过酒精、肥皂和烫金边的扑克牌。把课堂的知识运用到实践中，是当时毛主席提倡的学习方法，他们乐此不疲地投入其中。

回首过往，在李德仁看来，亲自动手参与和生动的教学正是让中学时代的自己对学习、对科研产生了强烈兴趣的源头。

感佩当年的好老师之外，当年“口试”形式在今天中学的消失则让他遗憾不已。

李德仁记得这样一个故事：有个小孩做题没得到一百分，原因是有道填空题："我家的窗前有一片________"，答案是草地，小孩填的是草坪，扣了一分。这个小孩就问他爷爷，为什么草坪就没分，草地就有分？"其实这个小孩聪明啊，我家院子前面就是块草坪。但是老师就认定标准答案是草地"。

"现代考试太机械化了，笔试缺陷很多，统一的答案扼杀学生个性化创造思维。"李德仁叹息。

他至今记得当时从苏联引入的"口试"考核的情景：一道题目，三个学生吵翻天，最后老师说你这个好在哪，你这个好在哪，你这个好在哪，再讨论答案，"学生的兴趣就调动起来了"。

"一个好老师千万不要有统一的答案，要留些题目给学生自己创造的空间。"李德仁说。

"青年一代要敢于质疑"

学业之外，李德仁最大的兴趣是读书。

今天，电脑、手机，新媒体的阅读方式在青少年中风靡，但是李德仁从不担心电子书对纸质书的威胁。

20世纪50年代的校园，甚至没有电视和广播，主要的休闲方式就是看小说、连环画，"《红楼梦》、《儒林外史》我都看了很多遍"。

李德仁渐渐开始广泛涉猎，看过大把大把的"野书"，借了还、还了借，甚至一度拥有上十个借书证。"书上记录的都是前人、古人的文化知识，它能保留下来就说明是些好东西，特别是人类科学文化的结晶，都写在书上"。

伴随着读书之路，敢于质疑的精神一直如影随形。“我读书时胆子大，爱提问，常把自己对名家著作的质疑写成读书心得，到处寻找老师求解。”

他曾在老师自己命题的试卷上发现了错误，“假分数的定义，分子大于等于分母就是假分数，但是卷子上写的是大于，没有等于”。

大胆的质疑让李德仁在那次卷面满分100分的试卷上获得了一个终生难忘的分数——103分。

大四时，他发现苏联专家撰写的教科书上公式有问题，写了好几篇文章。当时的测绘学院院长王之卓教授看到了他的文章，写了很多批注，还把李德仁叫到家中详谈。

半个世纪过去，李德仁仍清楚记得当时的情景：“谈话从下午5点开始，既深入重点又天马行空，浑然不觉天色已晚。师母多次请我们到餐厅吃饭，被兴致正浓的王老一推再推，直到晚上9点。”

正是这样的质疑和认可让他不断成长。

李德仁博士毕业那年，就提出用包括误差可发现性和可区分性在内的基于两个多维备选假设的扩展的可靠性理论来处理测量误差，科学地“解决了测量学上一个百年未解难题”。今天，全世界都在用李德仁的理论去矫正自己的航测平差系统。

而今，“鼓励学生对前人的知识质疑，对模型公式进行分析，寻找毛病”已经成为李德仁培养学生的“秘门武器”。

“不迷信书本，不迷信父母，不迷信老师。”李德仁这样告诫青年一代。

有段时间，与年轻人交流时，李德仁常常如是寄语：“成功在于坚持不懈地努力。”后来，学生追问他到底应该如何努力，李德

▲ 李德仁院士接受采访

▲ 接受采访后合影留念

仁以自己的经历现身说法，总结出这样八个字：“读书、思维、创新、改革”。

在李德仁看来，读书与思维是科学家的两大特点。有了读书和思考的功底，创新才有源头，而不是凭空想象。

“读书和思考之后你才能发现还有哪个问题没有解决，才会有创新。”他鼓励学生在大量阅读的基础上去思考去创新，而创新就是一个想法，也可能是一个新概念、新理论、新观点，所以创新之后就一定要实践，“读书、思维、创新、改革，这就是年轻人应该努力的方向”。

多年来，循着这样的路径，他所在团队先后培养了一名中科院院士、一名工程院院士、7名长江学者、3名国家杰出青年、5名973首席科学家。

“总说中国创新人才不够，这是为什么？”李德仁说，问题出在培养机制上，沉重的课业压力与死板的教育机制，绑住了中国孩子的创造力，“多给学生一点空间，能够发现更多的好学生”。

（雷宇、张晗、谢婷婷，武汉大学李德仁院士办公室）

个人简介

李德仁，1939年出生，江苏泰县人。摄影测量与遥感学家，武汉大学教授、博导。1991年当选中国科学院院士，1994年当选中国工程院院士，国家最高科学技术奖获得者。

1963年毕业于武汉测绘学院，1981年获该校硕士学位，1985年获联邦德国斯图加特大学博士学位。2008年获苏黎世联邦理工大学名誉博士。1988年度国家级有突出贡献专家。

历任武汉测绘科技大学校长，武汉大学学术委员会主任、测绘遥感信息工程国家重点实验室主任、学术委员会主任，湖北省科协副主席，国务院学位委员会学科评议组成员，国家“973”专家顾问组成员，中国科学院地学部常委、副主任，中国博士后管委会专家委员会成员，国家遥感中心专家组成员，中国图像图形学学会副理事长，中国GIS协会顾问，中国测绘学会理事长，中国地理学会环境遥感分会理事长，亚洲GIS协会创会会长，国际摄影测量与遥感学会第三、六专业委员会主席，国际欧亚科学院院士。

长期从事遥感、全球卫星定位和地理信息系统为代表的地球空间信息学的教学与研究，曾提出可靠性和可区分理论处理测量误差，“解决了测量学一个百年来的问题”，30项成果分别获国家科技进步二等奖及省部级奖、全国优秀教材奖、全国优秀教学成果奖、德国“汉莎航空测量奖”，1999年获何梁何利基金科学与技术进步奖；发表论文620多篇，出版专著10部、译著1部，主编著作7部；独自与合作培养博士后10多名，培养硕士研究生80多名、博士研究生120名。

一问一答

问：今天的中学生大量地从新媒体获取信息，甚至可以说，他们认为知识就是网络、手机，您认可这样的一种方式吗？

答：电视作为一种介质，是对原有知识来源的补充，而不是取代知识本身，比如我去旅行，爬到山顶，那儿没有Wi-Fi，电视是看不了的，但书还可以看。书有一个好处，在翻阅一百多页以后，如果需要反复推敲、对比前后的内容，马上就可以翻回第一页。书是现代数字媒体不可取代的。

问：在中学阶段，包括大学阶段，文学阅读对于您后来的科学工作有什么好处？

答：文学作品有一个基本特征，它是有情景的，有一个克服重重困难最后走向成功的过程。从这个过程中我们了解到，社会的进步不是直线的，是曲折地前进。我们做人做事也是这样，难免遇到困难、困惑和问题。文学作品读得多了，就能领会其中的精神，胜不骄败不馁，不屈不挠才能成功。

哲学社会科学是人类创造的智慧结晶，指引所有自然科学、社会科学的发展。我始终很喜欢马克思主义哲学，即辩证唯物主义和历史唯物主义。毛主席提过矛盾是事物对立统一的规律，科学也是一样的。往往解决了一个问题，高兴之余又发现了新问题，也有可能山重水复疑无路，一时解决不了，这就是“学无止境”。

很多中国小说都表达了这个概念。《西游记》中上西天取经经历了一路艰难磨炼。《水浒传》里的一百零八个好汉在诬陷中被逼上梁山，看了这些我们就应明白，人对待生活，对待科学研究，都是在磨难中增强解决问题的能力。

问：您挑战过老师吗？

答：我不止一次挑战过老师。第一次是在小学时期，我一直清楚地记得那道考试题目，什么叫真分数，什么叫假分数。老师的答案是：分母大于分子是真分数，分子大于分母是假分数。我说分子大于等于分母是假分数，就多加了一个等于号，那位老师给了我103分，因为我纠正了他的标点。

问：在您中学阶段有没有遇到因材施教的例子？

答：有。（20世纪）60年代大学时班级比较多，教授讲课、三个辅导老师，一个辅导老师管一个班，老师下宿舍。现在大学除了教学以外，科研任务加重，通常写个稿子写到九稿才能拿到钱，拿到钱钱还没缓过来，新的任务又来了。应试的教条、烦琐的教研任务把老师压得喘不过气。

延伸阅读

李德仁忆中学时代

◎李德仁院士

▲ 李德仁（绘：覃弋）

如果说我在学术上还取得了一些成就，我还真要感谢六年精彩的中学时代的奠基。

1951年秋天，我才11周岁，因家乡溱潼镇没有中学，便只身一人考入江苏省泰州中学。记得妈妈坐船送我到省泰州中学住宿部，那天，我望着妈妈远去的背影，久久不能平静。就这样我在省泰州中学整整学习了六年，读完初中和高中，完成了人生教育中一段重要的难以忘却的历程。

我的母校——江苏省泰州中学是一所历史悠久、文化底蕴深厚，具有优良的办学传统和辉煌的办学业绩的百年名校，学校素以校风淳朴平实、办学品位高雅而著称于世。当年的老校址位于泰州城西郊的小泰山脚下。一千年前，北宋著名教育家胡瑗在这块土地上创办安定书院，培养了许多历史上有名的政治家、军事家、文学家、教育家。一百年前，泰州中学在这里诞生。校园内有历经风霜的古树名木、雅致宁静的安定书院，还有古朴庄重的新四军东进泰州谈判纪念处，充满浓郁人文气息的校园让莘莘学子乐不思蜀。胡瑗“致天下之治者在人才，成天下之才者在教化，教化之所本者在学校”的至理名言影响着一代代泰中人。学校“团结、进取、勤奋、求实”的校风和“好学、善思、致用”的学风让我们这些泰中学子很受教益。

据说小泰山是当年岳飞抗击金兵时用做饭的锅巴铺成的，使金兵不战而退，后人为纪念岳飞将军便在泰山上修建了岳飞庙。抗日战争和解放战争中这里又是新四军陈毅部队活动的中心，新中国成立后建成了革命烈士陵园。每当晨读和课余活动之时，同学们步入小泰山岳飞庙和山下的革命烈士公墓、森林公园中，浓厚的民族自尊、为国家解放奋勇战斗和为我中华而自强不息的精神无时无刻不在教育着我们这一群青少年学子。

▲ 李德仁院士荣获国家最高科学技术奖后在学校做报告

记得初中时我年纪小，我们的班主任徐老师（教几何学）帮我们管零花钱，安排城里的老大娘帮我们洗衣服，高年级学生在早晨为我们分发洗脸热水。每天上午10点钟，食堂的师傅将热豆浆送到教室分发给每个学生。整个学校充满着老师爱生、学生尊师的和谐气息。

到了高中阶段，学校非常重视学生综合素质的提升和个性特长的培养，课余生活丰富多彩，十分活跃。我当时先后参加了数学课外活动小组和化学课外活动小组。在数学小组里叶凤梧老师组织我们不仅做了大量的数学竞赛题，还亲自动手用小平板仪测量了小泰山的高度，这也许就是我后来学测绘遥感的一种启蒙吧！在化学兴趣小组，朱广鉴老师（我们班主任）不仅带我们参观泰州面粉厂等多家工厂，还在实验室做出肥皂和塑料纽扣。汤一楠老师教我们画法几何时，带全班学生用泥土和马类纸制成各种几何结构模型，如四面体、圆锥体、圆柱体、球体及它们与平面和直线的相交与切割等。就连英文学习，老师也教我们用井字形填字母方法做拼字游戏，通过实践活动和趣味教学使我们的学习变得十分轻松有趣。

我记得语文老师张文林老先生，他要我们把作文做大做活，我们经常模仿着20世纪50年代流传的苏联抗战和中国抗日战争的长篇小说，在作文中写出几十页长的习作。张老师喜欢做作文点评，我们高三（2）班郁兴志同学（后来是我国驻伊拉克和沙特特命全权大使）写了一篇《春假回乡帮父亲挑粪下田》的作文，从亲身劳动中悟出了大粪从臭到香的变化，至今令我难忘。

我还记得1956年3月，祖籍泰州的京剧艺术大师梅兰芳先生率夫人和幼子梅葆玖及其京剧团回乡省亲时，从我们学校经过到烈士陵园献花圈的情景，我们上街夹道欢迎并享受了艺术大师在家乡对父老的五场演出。后来我参加第九届全国政协大会，还与梅葆玖先生回忆起当年的故事，作为中学生能享受如此文化大餐，也是终身之幸事。

我离开江苏省泰州中学已经50年了，但我始终感谢和怀念我的母校，祝愿她在培养新世纪人才的道路上取得更大的成就，使这座百年老校永葆青春，成为我国青少年人才培养的摇篮。

中学时，殷鸿福最喜欢的小说人物是孙悟空。懵懂少年一度很纳闷:“为什么善于七十二般变化的美猴王一定要服从唐僧呢?实在看不出唐僧有什么好处。”阅历经年，殷鸿福渐渐看透了其中的人生哲理:“信念重于力量。唐僧是信念的代表，孙悟空是力量的代表，力量没有信念的指导就很难走到西天。”

——殷鸿福

从少年时的『书呆子』到不断创新确立中国地质断代『金钉子』

批判性思维要从中学抓起

◎殷鸿福院士

多年后回望自己的青葱岁月，殷鸿福院士也曾反思，“错走了一条‘死读书’的路”。

在上海著名的育才中学六年，他一心埋头书本，两耳不闻窗外事，被同学戏称为“书呆子”；大学死记硬背了一肚子知识，游学欧美时，才发现原来很多奉为圭臬的学科内容早已被颠覆扬弃，幡然悔悟：“书呆子式的学习方法不管用，必须转变。”

“为什么我们的诺贝尔奖那么少？”身处大学校园半个多世纪，见证了几代学子的成长，这位已过耄耋之年的大学老校长忧心自己身上的悲剧依然在不断上演，“我们的学生没有批判性思维，盲目崇拜课本权威，原始创新力被扼杀了”。

他提倡，批判性思维要从中学时代抓起。

“书呆子”式的中学时代

中学时代的殷鸿福仍是现在很多读死书学生的缩影。

1946年，殷鸿福考入上海育才中学。这所由英国人创立的学校，当时由上海工部局直接管理，课程教学“中西并包，汉英兼采”，办学质量声名远播。

▲ 1955年，大学时期留影

6年的中学生活，殷鸿福总是学校、家中两点一线，除了在操场跑跑步没什么其他爱好，一门心思地勤学苦读。

即使回到家里，也没有太多空闲。在英国驻上海领事馆做翻译的父亲，希望他继承自己的职业，自小便开始教他英语，几乎每天布置一篇英语作文。

身在上海大都市，下课时间，同学们聊起十里洋场的故事，他不闻不问，也不感兴趣，总盯着自己的书本，就是交的朋友也跟自己差不多，“都是埋头读书的”。因此还被同学们戏称“书呆子”。

在全年级三个班近百名学生中，殷鸿福的功课门门都领先。但他自知“是稍微聪明，但不灵活”的那一类，“学得比较死，全靠投入的时间长”。

“书呆子”也有自己的学习秘籍——巧记笔记。

他常常提前预习，头脑中有了印象，等上课老师讲到相关内容时每句话记下关键词，下课后再趁热打铁，将老师讲的内容全部串起来。多年后与年轻人分享成长心得时，他常说“好记性不如烂笔头”。

此外，“英语学多了慢慢也能悟出一些，有的词根相同，有的后缀相同；数理化里也有一样的规律”。

中学是看野书的年代，他读完了中国古代四大名著，也曾看

▲ 我中学时代的世界地图（1947—1948 年版）

过《基督山恩仇记》，还有一些科普书。最奢侈的事情，是跑到福州路《中国青年报》在那里的发行站看书。“但他绝大部分时间还是花在课本上”。

地理老师黄杰民给这“书呆子”封闭的学习生活中投进了一缕新的阳光。

黄老师中等个子，上课带着一点上海腔调，知识讲解之间时常穿插风俗趣闻。讲到西北地区干旱少雨时，他描述得绘声绘色：“相传这里的人一生洗三次澡，出生、结婚、去世分别洗一次。”

有时，黄老师指着中国地图上深深浅浅的标记，告诉他们这里埋着中国的矿产、那里流淌着中国最长的河。

同学们听得津津有味，殷鸿福对地理也产生了一点兴趣。他开始阅读地理书籍。在殷鸿福家中，至今珍藏着一张1947—1948年版的世界地质图。这背后，还有一段逸事。

初中时，有一次殷鸿福到大饼摊买早餐，偶然间看到小贩手上拿着一本没有封面的《世界地图册》，准备裹上刚出锅的油条大饼。他跟小贩商量，将一家人的早餐都买了大饼，换来了这本图册。

没有人会想到，当时偶然产生的一点朦胧兴趣，最终却改变了他的人生轨迹。

“吃不了苦，难成大事”

同学们眼中的“书呆子”也有少年意气的时候。

高二那年，抗美援朝战争激起国人的满腔热血，担任班级团支部委员的殷鸿福报名申请奔赴前线。然而因为未成年需父母签字才能生效，殷鸿福的从戎报国梦最终化作泡影。

到了高三，班上开始出现一些“风言风语”：“别看他们是团干部、先进分子，他们考大学还不是清华、交大的电机、机械（当时的热门专业）！”

放学路上，殷鸿福和几名班干部“立下赌约”，报志愿时偏偏不填这两所学校，选专业也要“选一个苦的”。

国家百废待兴，迫切需要地质人才，殷鸿福把艰苦专业和个人兴趣做了一点结合——选中地质矿产与勘探专业，最终以超过当年清华大学录取分数的成绩进入了彼时刚刚筹建的北京地质学院。团支书颜振民也报考了当时被视作“冷门”的水利专业，支委赵伟民则留校做了一名辅导员。

根據祖國需要認眞選定自己的升學志願

正確選定志願，使我學習得好

北京地質學院 殷鴻福

我是北京地質學院一年級的學生。我熱愛自己的事業，我以自己能終身做一個地質工作者給祖國服務，而感到幸福和自豪。

我在中學時的學業成績很好。從初中起，我便對地理發生了興趣，特別是看了許多關於礦產方面的書，記的材料有好幾個練習本。那時候我只是從興趣出發，後來成了嗜好，每天都帶着地圖，有空就看或是寫筆記。但是，在舊地理書上，我國的礦產除鎢、銻、錫以外，在世界上總是排在後面；礦產儲量也只有估計數字，在礦產地圖上常常只畫着半個中國，那有着無數山脈和盆地的西部半壁卻看不見。這些給我的印象是：中國的礦產太少了。解放後，我國的礦產事業發展很快，我看過東北調查礦產的報告，和蘇聯地質學家在沙漠工作的記錄短片，轉變了我過去的看法，使我認識到祖國的礦產不是太少而是太豐富了。

去年高中畢業時，聽說祖國需要地質人材很迫切，我就想考地質。那時我們的思想還受着舊思想殘餘的影響，選擇升學志願有「熱門」與「冷門」之分。「熱門」是指所謂「個人出路」大的，如工程等，「冷門」是指「個人出路」小的，如師範、文法、地質等。而且覺得功課好的應該讀「熱門」，功課差的應讀「冷門」。當時有的同學知道我要考地質，對我說：「你功課這樣好，考地質眞可惜！」同時家裡也不贊成我考地質。說什麼中國地質學校的設備差，教授少，最好還是讀電機。當時我對學地質的認識淺薄，思想上也有些波動，心想：我要考電機也考得上，何必一定讀地質呢！就在這時，黨和團教育了我，使我對自己的志願又考慮了一番。

「認爲讀地質沒前途是不正確的，祖國的每一門事業都有前途，祖國需要地質人材。」——這是黨和團告訴我的話。

「選擇志願要選擇所謂前途大的『熱門』，對國家的需要和個人的愛好可以不必管它。」——這是舊社會說的話。

我是青年團員，雖然當時我對於學地質認識不够，但我相信黨和團說的話是不會錯的。同時我又認識到不能把功課好作爲讀「熱門」的唯一條件，應當把功課好作爲衡量是否適合自己志願所需要的條件，和是否能在自己將來從事的事業中爲祖國建設發揮更大的作用。於是，我決定要學地質。

回想去年今天，我覺得我是順着祖國爲我安排的道路走的。由於我根據祖國的需要和自身的條件，比較正確地確定了自己的志願，使我在這一年內學習得很好。比如學習投影幾何和結晶學，必須有一定數理化基礎和清晰的空間觀念，才能够把它學好。我們班上有些基礎差的同學，學這些功課就很費勁，每次講課後，有許多基本觀念別人一小時半內就能够溫習好的，他們要三小時才能弄懂，做習題也是一樣。我呢，在這方面遇到的困難就較少，如做投影幾何習題，許多同學要一個下午才能做好的，我在兩小時內就可以把它做好。在講太陽、地殼、海洋、大氣這一些基本現象時，由於我有一些地理知識，也很容易理解它，因此能够省出許多時間來更深入地思考問題。

我說這些，並不是說有關的功課不好在大學裡就學不好，只要有正確的學習目的，有毅力，總是會學好的。我是說在考慮升學志願時，要從國家的需要出發，也要愼重地考慮到自己的條件，不要讓舊的思想習慣支配自己，也不要被不正確的言論所迷惑。我們國家需要人材很迫切，絕不要因爲自己考慮志願不愼重而給國家帶來損失。我想如果我去年選擇了別的志願，那也是會學好的，但不一定能够很快學好。今天我入了地質學院，我樂意學它，也學得不錯，上學期的成績五門中有一門是乙，其他全是甲。我將不辜負祖國的期望，一定使自己成爲有用的人材。

1953年5月26日《中國青年報》

▲《中国青年报》1953 年稿件

当年，殷鸿福在《中国青年报》上发表文章《正确选定志愿，使我学习得好》，他就报考专业现身说法：“在考虑升学志愿时，要从国家的需要出发，也要慎重考虑自己的条件，不要让旧的思想习惯支配自己，也不要被不正确的言论所迷惑。”

到北京上大学后，习惯了上海百米左右就有一个车站的殷鸿福发现自己“不会走路”。到野外实习时，山刚刚爬一半他就汗流浃背、气喘吁吁了，“根本没办法集中精力听老师讲解”。

殷鸿福下定决心，“一定要过了走路爬山这一关”。每到周末，他就去山上考察，来回往往要步行四五个小时，脚都磨出了血泡。久而久之，练出来一副铁脚板。

动荡的“文革”时期，很多人都无心学术。没有经费，他从40元的生活费中挤出经费做科研；借了相机跑到距离学院很远的地质部、中国科学院图书馆拍不外借的资料；苦学德语、俄语和法语，学术卡片做了几千张，学习笔记厚厚一大摞。

50岁那年，殷鸿福带病爬上海拔4000多米的岷山，下山时摔倒在乱石丛中，一条腿粉碎性骨折，膝关节五分之一的骨头没有了，很多人认为“殷鸿福的野外考察生涯就此终结”。

然而，经过医治和锻炼，接下来的20年，他继续攀爬大自然的高山峡谷，也开启了自己科研人生集中爆发的时间。

“大学培养了我不怕吃苦的品质”，回首过往，殷鸿福坦言苦练走路的经历“磨炼了意志，锻炼了坚韧性”，让自己受益一生。

在一些高校演讲时，殷鸿福常常告诫年青一代，第一要有理想，不要把人生白过了；第二要不怕吃苦。“治学不吃苦不行，体力上能吃苦的人往往学习上也可以（吃苦）”。

孙子一辈中出现的“佛系”青少年现象让他不解：“社会永远需要有理想、吃得起苦、不怕摔跤的青年人，要从小干出大事来，这样社会才会有进步。”

中学时，殷鸿福最喜欢的小说人物是孙悟空。懵懂少年一度很纳闷：“为什么善于七十二般变化的美猴王一定要服从唐僧呢？实在看不出唐僧有什么好处。”

阅历经年，殷鸿福渐渐看透了其中的人生哲理：“信念重于力量。唐僧是信念的代表，孙悟空是力量的代表，力量没有信念的指导就很难走到西天。”

“批判性思维要从中学抓起”

中学时，殷鸿福在旧地理书上看到，我国的矿产储量只有一个估计数字，矿产地图上只画着半个中国，有着无数山脉和盆地的西部半壁却看不见，一度以为是中国矿产太少了。

上大学后，当他看到东北调查矿产报告，才明白“祖国的矿产原来是这样的丰富”。

“书本不可全信，”他开始渐渐意识到，“知识要与实践结合。”

大学里的周末，殷鸿福常常和同学结伴到西山勘察。有时，课还没上完，他们野外的考察已经提供了答案。

真正给他带来心灵震撼的，是20世纪80年代初游学欧美时的发现，“美国教科书的内容竟然和中国完全不一样”。

譬如，当时国内的生物教材上，大部分是动物、植物的内容，还停留在分类学概念。而美国的教材已经主要是细胞、分子、DNA、遗传，从知识的根源开始学习起，从理解入手。“以往依靠书本死记硬背的模式都被颠覆了。”

“不迷信书本，不迷信权威”，惨痛的教训让殷鸿福开始独立

▲ 1958 年 8 月，南祁连山帐篷前

▲ 2001年，普通地质学课答疑

研究的道路。他的科研成名作——中国“金钉子”的确立可以为此写下注脚。

地质学上用“金钉子”作为代名词进行地质年代划分，距今2.5亿年的“金钉子”是二叠纪、三叠纪以及中生代、古生代的界线，一度成为各国地质学家研究焦点。

1986年，时为副教授的殷鸿福在国际学术会议上与国际二叠纪–三叠纪界线工作组主席T.Tozer当面交锋，推翻了近百年来确定的化石标准，提出将我国浙江煤山作为全球层型剖面和点位。坚持十多年考察论证后，“金钉子”终落我国。

“现在高考分数高的学生很多，可有批判性思维的太少了。”多年的观察中，殷鸿福院士发现今天的中学教育依然在一个怪圈中：学生认为，老师说得都对；老师也认为，课本写的都是标准答案。

在欧美课堂，他曾目睹一个学生在听课中打断老师，提出自己的质疑。“这在中国，学生敢吗？不敢，那是要受到批评的。”

“中学时代是思维养成的关键时期”，他认为培养批判性思维要从中学抓起，当前的教育方式让学生知识面很广，但不善于从根源处找到问题，也就没有了原始的创新。中国多年来鲜有人在自然科学领域摘得诺贝尔奖桂冠，“最根本的就是批判性思维欠缺导致的原创力不够”。

“现在被认为离经叛道的，不一定没有其合理内核，就算你认为它是错的，但是里面也可能有一部分对的，这些东西将来把它剥离出来，也许就颠覆了现在的观念。”殷鸿福建议，在中学时代，老师应该多举办讨论会，让学生能大胆地发表意见，“每个东西都启发他想一想‘为什么这样、是不是对的、对在哪’，养成批判性的思维方式。”

退休之前，殷鸿福每年都会给地质专业的大一新生开设“普通地质学”课程。他曾向学生提问：是科学界公认的地球年龄46亿年是真理，还是基督教提出的一万年是真理？让他欣喜的是，有敢于向权威挑战的同学站起来，说基督教的看法也有一定的道理。

他坦言，自己更看好有批判性思维的人，未来他们在事业上可能走得更远。

（雷宇、杨洁、封智涵，中国地质大学（武汉）殷鸿福院士家中）

个人简介

殷鸿福，1935年生于浙江舟山，地层古生物学及地质学家。1993年当选为中国科学院院士。

1956年，本科毕业于北京地质学院，并继续攻读硕士。曾任中国地质大学（武汉）校长、教育部地球科学教学指导委员会主任。国际地层委员会三叠纪分会副主席、国际二叠—三叠系界线工作组委员会主席、国际地质对比规划359项主席。2018年全国最美教师获得者。

他推动了古生物学与地质学全面结合，系统介绍间断平衡论、新灾变论、事件地层学，提出地质演化突变观。发表了我国首部生态地层学专著。提出生物—有机质—流体成矿系统，在此基础上推动建立了我国生物地质学学科体系。

殷鸿福曾发表化石描述近300种，图版80多幅；系统总结出中国及东亚的三叠系，并首次提出国际二叠—三叠系界线新定义、界线事件的火山成因说等，确立了中国浙江长兴为全球二叠系—三叠系界线层型（金钉子）。其代表作有《生物地质学》《地质演化突变观》《中国古生物地理学》《扬子及其周缘东吴—印支期生态地层学》。

一问一答

问：回顾中学阶段，您觉得对您影响最大的是什么？

殷：中学阶段我受到的影响最大的主要有两个方面，一是学校教育和家庭教育，二是团的影响。

首先，学校教育和家庭教育，在英语和地理方面为我打下了很好的业务底子。学校很重视英语，我们英语课的教材是全英文的，老师教学大半是英语授课；地理老师黄杰民讲课十分生动，让我对地理产生了兴趣，并且开始阅读地理书籍。在家中，父亲很重视培养我学习，会给我布置课外作业，基本每天一篇英语作文。

其次，团的影响，其实不是狭义的团，而是整个国家形势的影响。这让我树立了理想，为实现中国崛起的理想，所以后来考虑国家的需要，我报考了北京地质学院的地质矿产与勘探专业。

问：在中学阶段怎么培养批判性思维呢？

殷：现在的中学生存在死记硬背的现象，认为老师说的、课本上的全都是对的。我认为，这是因为课堂上缺少一定的时间和安排去让学生提出问题，学生课外学习的机会也较少。

虽然中学的课本是非常精简、经典的，但是有些东西将来还是有可能被推翻，我觉得老师不应该把课本都当成经典，应当让学生知道课本上的东西，也不一定是完全正确的。只有让学生们知道这个观点，他们才会敢想，不然他们可能从来都不敢去想。

我建议，我们的老师少讲一点，多和学生搞一点讨论，在讨论中启发学生遇到一件事首先想一想为什么这样，是不是对的，又对在哪儿。同时，老师要注重培养学生的原创思维，从他们思维养成的小学、中学阶段抓起，更善于引导他们从根源处找到问题。

延伸阅读

中国地学教育的『金钉子』

◎殷鸿福院士

▲ 殷鸿福（绘：李奕林）

83岁的殷鸿福教授，是中国科学院院士、著名地层古生物学家、地质教育家。他先后倡导和开创了古生物地理学等一系列分支学科，提出了中国的地球生物学学科体系和发展战略；他领导科研团队克难攻坚，使浙江煤山被确立为全球地质年代划分的一个标准——“金钉子”。他从小立志中国地质事业，曾获科技部野外科技突出贡献奖。他扎根地学教育，用初心成就生命演化之美，在高等教育的园地里，辛勤耕耘，默默付出，谱写了立德树人、无私奉献的美丽篇章。

投身地学寻求真知

殷鸿福1935年出生于浙江舟山，1945年进入上海育才中学就读。1952年，他以高分第一志愿报考了北京地质学院当时被视作“冷门”的地质矿产与勘探系。1953年5月26日，他在《中国青年报》发表名为《正确选定志愿，使我学习得好》的文章。他写道：“我以自己能终身做一个地质工作者给祖国服务，而感到幸福和自豪”。

1956年，殷鸿福大学毕业后，师从著名地质古生物学家杨遵仪教授攻读研究生。为了撰写论文，他曾发着39摄氏度的高烧在贵州山区搜集资料。他用这些亲自收集的资料，在论文中向当时由权威定下的“雷口坡组属于拉丁期”的标准挑战。后来，又首先提出了华北三叠纪海侵。

1961年，殷鸿福从北京地质学院研究生毕业后留校任教，正式开始地质教学与科研的旅程。在没有科研经费的情况下，他硬是从自己每月40元的生活费中挤出钱来搞研究，一张35毫米的胶片要拍4页材料，每周数次到离校很远的图书馆查阅资料，风雨无阻。在这期间他学习了英语、德语、俄语和法语，做了几千张学术卡片，记下了几十本学习笔记，拍摄了几十卷胶卷的资料，撰写了近十篇当时无法发表的研究论文。

1978年，43岁的殷鸿福晋升为武汉地质学院讲师。由于他专业扎实，1980年便晋升为副教授。1980年3月至1982年3月，他作为高级访问学者赴美访学。在美国期间，他先后在美国自然历史博物馆、史密森研究院工作，并先后在纽约科学院、耶鲁大学等25所大学和研究所讲学。一些科研合作者极力留下他，他都婉言谢绝。

1985年，年过半百的殷鸿福带队赴秦岭山区工作。为了追索二叠—三叠系界线，一天，他带病爬海拔4000米以上的岷山，下山时因体力不支，摔倒在乱石丛中，一条腿粉碎性骨折。但是依靠顽强的毅力，两年后，他又重新活跃在野外工作中。2009年，他获得科技部野外工作突出贡献奖。

1993年12月，是殷鸿福人生中最为难忘的日子，他凭着多年的研究积累，当选为中国科学院院士。1994年起，他担任中国地质大学（武汉）地球科学学院院长。1996年10月—2003年7月，他任中国地质大学（武汉）校长。此外，他还当选为第九、十届全国政协委员。

将“金钉子”定址中国

从20世纪60年代初开始，殷鸿福就在贵州开始从事三叠系地层学和古生物双壳类和腹足类的研究，建立了贵州省三叠系生物地层框架，并把嘉陵江组的时代定为早三叠世。

全球界线层型剖面和点（GSSP）俗称“金钉子”，是全球确定

▲ 2002 年，向学生讲解化石

唯一的点位，被视为一个国家地层科研水平的反映，许多学者都以争取在其本国国土上建立界线层型为荣。由于是三颗断代界线金钉子之一，并且在界线处发生了地球历史上最大规模的集群绝灭，二叠—三叠系界线的研究备受国内外学者的重视，并成为国际地质界研究的热点。

直到20世纪80年代中期，国际二叠—三叠系界线划分一直采用伍氏耳菊石出现作为三叠系的开始。殷鸿福自20世纪70年代开始，就在华南广大地区开展了二叠—三叠系界线的研究。通过对国内外资料的分析研究，他认为耳菊石的地理分布具有局限性，不宜作为全球的对比标准，并在1986年于意大利召开的国际二叠—三叠系界线工作组会议上，提出以微小欣德牙形石的首次出现作为三叠系开始的标志。

1993年，殷鸿福在加拿大卡尔加里召开的国际二叠—三叠系界线工作组会议上，确定了4个国际二叠—三叠系界线层型候选剖面，其中浙江长兴煤山位居榜首。1996年，他联合中、美、俄、德九名投票委员，在国际刊物上联名推荐以煤山D剖面27c层之底作为全球二叠系—三叠系界线层型剖面和点。

1996年国际上一些人抵制煤山。殷鸿福为争取煤山剖面所在地浙江长兴县正式开放，进行了大量工作，争取了多数科学家的支持。1999年9月，国务院正式批准开放长兴县。自1999年10月至2000年11月，先后对煤山剖面进行了界线工作组、三叠系分会、国际地层委员会三轮投票，均以很高赞成率获得通过。并在2001年2月由国际地质科学联合会确认，正式树为全球层型剖面和点位（GSSP）。该成果获得国家自然科学二等奖。

三叠系是殷鸿福从事地质研究的支点，殷鸿福先后在华北、祁连山、秦岭和青藏等地区从事三叠系地层和古生物研究。20

世纪70年代末，通过在陕西渭北地区三叠系的研究，殷鸿福发现了典型的海相双壳类——正海扇等，首先提出了华北地区存在三叠纪海侵的观点。在丰富的野外第一手资料的基础上，建立了西北地区第一个海相中生界地层系统，即祁连山区海相三叠纪地层系统。

经过近十年的努力，殷鸿福系统重建了秦岭地区三叠纪地层系统，并在秦岭地区首次发现了海相拉丁阶及上三叠统，重塑了秦岭晚古生代裂陷史和印支期运动史，这些成果对于正确认识秦岭山系的地质演化及指导该区三叠系中所蕴含的丰富的金矿床的勘查具有重要的理论和实际价值。

从古生物学到地球生物学的转身

殷鸿福于1982年最早向国内介绍用古生物地理论证微板块和地体的活动，并于1988年出版了《中国古生物地理学》专著。1994年《中国古生物地理学》英文版由牛津大学出版社出版后，在国际古生物学界引起了高度重视，国际著名期刊《科学》(*Nature*)发表书评予以高度的评价，2000年该书获湖北省自然科学一等奖。

从达尔文、莱伊尔时代开始，地质学界和生物学界一直以渐变论占主导地位。20世纪70年代末，美国学者提出了持生物演化突变观的间断平衡论，殷鸿福于1982年撰文向国内同行介绍这一演化理论。他认为这一观点符合科学研究的量变到质变规律，并结合自己多年来在华南二叠系、三叠系研究中获得的大量实际材料和证据，于1988年作为第一作者出版了《地质演化突变观》一书。著名科学家钱学森曾两次来信与他探讨问题，并指出："地质演化突变观说明了马克思主义哲学的正确性。"

20世纪80年代末，殷鸿福首先将地质微生物活动与矿床学结合起来，主持了微生物成矿的研究。经过多年来的实践，他提出了生物—有机质—流体成矿系统的理论体系。

殷鸿福主张把传统古生物学与地球历史环境联系起来，把生物和其所生存的环境的相互作用作为研究对象。他带领团队，从1982年开始有计划地开展了生物地质学方面的研究。1994年，他发表《生物地质学》一文，明确提出要“走生命科学与地球科学学科交叉的道路”。

同一时期，国际上兴起了新学科——地球生物学，作为地球科学与生命科学的交叉学科，与地球物理学和地球化学一起构成了研究地球系统三大物质运动（生命、物理和化学）的学科体系。殷鸿福的研究工作与国际接近同步。2008年，生物地质学研究项目启动26年后，获得国家自然科学二等奖。在此基础上，他又带领团队继续发展新兴的地球生物学，提出了地球生物学初步的学科体系。

目前，殷鸿福已完成了中科院地学部委托的“地球生物学”——进一步开展“深部地下生物圈”和“极端环境地质微生物”的学科发展战略研究项目，旨在发展具中国特色的地球生物学，依据中国占优势的地层学和古生物学，以及新兴的地质微生物学，形成在国际上有创新特点的地球生物学学科理论和方法体系。

实干彰显“美丽”风范

在教学和科研中，不管山有多高，路有多远，殷鸿福都要亲自到野外考察。他常对学生们说：“科学是实事求是的，我不亲自去野外考察，怎能拿出充分的证据让别人相信我的论证呢？”他到过世界屋脊、茫茫戈壁、云贵高原、西南边陲、秦岭山区、南海之滨，他住过帐篷，也住过条件极差的小客栈，足迹踏遍了祖国的山山水水。

殷鸿福深信：十年树木，百年树人，教书育人是教师的天职。他从不摆院士的架子。连续多年，他都会给地质学专业的大一本科生讲授《普通地质学》这门课。许多本科生在听完殷鸿福院士的《普通地质学》后都这样评价："他讲课十分严谨、细致，并且对学生特别热情。"他还一直是《科学方法论》全校研究生课的主讲人之一，深受欢迎，被邀在武汉诸高校演讲。

除指导了一批又一批的大学生外，他还培养了约50名博士和硕士。在研究过程中，他一方面要求学生重视野外地质实践以掌握扎实的第一手资料，另一方面又能放手让学生自己去"闯"，以培养学生的创新精神，最后他严格把关，对于一些细小的学术问题都从不马虎，以培养研究生的严谨的科学作风。

童金南是生物地质与环境地质国家重点实验室主任，他也是高考恢复后首批考入中国地质大学（武汉）的大学生。1982年，他开始在地大攻读硕士研究生，成为殷鸿福的"开山弟子"。"老师的人格魅力和科学精神对我的求学以及今后的为人师都影响深远，他是我的一盏明灯。"童金南说。

出生于1983年的宋海军，2003年被中国地质大学（武汉）录取。宋海军至今都清楚地记得殷鸿福为新生们主讲《普通地质学》时在课堂上说：地质科学，是开启地球奥秘的钥匙，我们就是要找到这个钥匙。在童金南的培养下，宋海军攻读博士学位，到海外留学，留校任教，目前已经成为专业领域的年轻教授，是国家优秀青年基金获得者、教育部青年长江学者。

王奉宇从小就喜欢石头，2014年填报大学志愿时，就毫不犹

▲ 殷鸿福院士接受湖北校媒采访

豫地报考地质学专业，选定宋海军作为“导师”，在假期野外探究时，发现了稀见的三叠纪腕足动物化石新属种，发表于国际学术期刊上。不久前，他入选中国大学生2018年十大年度人物。

从殷鸿福到王奉宇，四代地质人，时间长度跨越了近70年，“接力”谱写了一曲薪火相传的地质之歌，在校内外传为佳话。

殷鸿福不仅从事地质教学与科研工作，还投身到科学普及工作中。他每年都会到大中小学从事科普讲座，广受欢迎。他出版的《寻找恐龙的伙伴》《生物演化与人类未来》等科普书，有的还再版。在他看来，科学普及与科学教育、科学研究同等重要，参与科普工作，也是院士肩负的责任和义务。

回首六十年的治学之路，2018年度“全国最美教师”殷鸿福有太多的感悟。他经常说：“问道争朝夕，治学忌功利。”这一方面是对学生们的勉励，另一方面也是自勉。在教学与研究的道路上，他是意志坚定的攀登者，他总是把登上的山顶作为开辟新路的起点，一步步从宇宙洪荒的地球深处走来，使自己由沙粒逐渐演化成民族的脊梁。

（根据中国地质大学（武汉）党委宣传部陈华文、徐燕报道整理）

“年轻人要做好一切准备，等待机遇。在等待机遇的过程中，正视自己遭遇的挫折。”面对今天的青少年一代，“世界油菜之父”傅廷栋院士殷殷寄语，智商情商之外还要有“逆商”。

——傅廷栋

从小镇上的中专生到中国工程院院士

智商情商之外还要有『逆商』

◎傅廷栋院士

从战火纷飞的童年到学习、工作几十年一路艰辛走来，77岁的傅廷栋院士多少有些忧心今天独生子女一代的“逆商”：“遇到一点挫折就怨天尤人，今后该如何面对人生中无处不在的困难和挑战呢？”

在傅廷栋看来，“逆商”代表着逆境条件下克服困难的能力，“逆商”高，易成大事。“现在有些年轻人‘智商’‘情商’都不错，但受了一点批评、挫折，就想不通，‘逆商’太低！”

中学时独自求学、开地种红薯、点煤油灯看书的场景，半个多世纪后回想，傅廷栋仍觉历历在目。

正是少年时代艰苦的条件，培养了他“愈挫愈勇”的品质。忆及往事，傅廷栋颇为感慨：“经历过艰苦的环境，才知道机会的来之不易。”

很多场合，傅廷栋也乐于和年轻人分享他的座右铭：“机会，总是留给有准备的人。”

他自己从小镇上的中专生，成长为中国工程院院士、第三世界科学院（TWAS，现称发展中国家科学院）院士的励志故事，恰好为此写下注脚。

从中专开始与农业结缘

1938年，傅廷栋出生在广东省郁南县一个小乡村。生逢乱世，抗日战争期间，傅廷栋5岁那年，父母就双双离开了人世。此后，他跟着叔叔、堂兄一起生活。

这个没有父母的孩子从小透着一股聪明劲儿，大人下象棋，趴在一边看很快就能学会。到二年级时，在学校里下棋，连爱下棋的校长都不是他的对手。

1944年，正是二年级的暑假，日本侵略军打到傅廷栋家乡，他和家人逃到山里躲山洞，大半年后日本人投降，傅廷栋才回校继续学业。

五年级时，他跨级跑去考初中，考试报名费是一斤鸭子的钱，家里人说："如果考不上就当作送一斤鸭子给别人吃了吧！"

幸运的是，他通过了升学考试，从此在连滩镇的郁南县第五初级中学开始自己三年的中学生活。

新中国成立前的学校，条件很差。学校里没有电灯，晚自习时，每个同学自带一盏煤油灯来，摇曳的灯光恰似万家灯火，温暖着傅廷栋的少年记忆。

学校有个小图书馆，但是里面的书不多，好不容易有了一套《水浒传》，同学们都抢着看。"前面坐着几个人，后面站着一排，同看一本《水浒传》，一边看一边问'看完了没'、'看完了！'、'翻'。"傅廷栋在桌前摊开双手，模仿起当年看书的壮观场面。

初中毕业时，因为当时的师范学校不收学费还能提供生活费，他和另一个同学决定参加肇庆师范的招考，两个十三四岁的小孩走了整整一天，才到达考点罗定县，又累又饿，却被告知考

▲ 傅廷栋 1951 年初中毕业

▲ 傅廷栋 1953 年高中二年级

▲ 傅廷栋 1956 年大学入学

试改期了。

把罗定中学教室里的课桌拼起来睡了一晚，两人带着沮丧回到了家乡。无奈之下，傅廷栋和那位同学只有报考了本镇同样不收学费的农业中专喜泉农校。随后，他以第二名的成绩被录取。

不久，农校从镇上搬迁到肇庆市，同学们一起把课桌、板凳连同磨豆腐的石磨盘一起搬上八只木船，100多位师生和工人，划了两天，到达新校址肇庆鼎湖。

1952年刚到肇庆时，学校伙食有限，正在长身体的小孩儿常常吃不饱饭，傅廷栋和几个同学一起在校园后面的山上开了一块地，“自力更生，自己种红薯吃”。

到了二年级，傅廷栋终于告别了清贫的日子——农校为学生们发助学金了。

“一等每月12块（元），二等9块，三等6块，每个人都有份，我拿了9块。”傅廷栋每个月上缴6块钱伙食费后，还能有3块零用钱，“当时做件衣服都不到三块钱呢！”

搬校后，农校坐落在肇庆市的鼎湖山风景区内。学校旁边清澈见底的溪水成为傅廷栋和伙伴们的天地。“那时候水很干净，我们一天游泳三趟。早饭前游一次，午饭后游一次，晚饭后再游一次。”1967年，傅廷栋能横渡长江，正是中专时游泳打下的基础。

兴趣是可以培养和相互促进的

1954年，从喜泉农校毕业后，傅廷栋被分配到了广东省中山县农业局横栏区农业技术推广站工作。正是这两年的工作经历，加深了他对农学的兴趣，让他在实践中快速成长。

1955年，珠江三角洲发生大面积螟虫灾害，农民们饱受其害。当时傅廷栋和同事们天天下田调查，通过查资料、搞试验，总结出了一套防治技术。他们动员一两千农民夜里提着灯去灭虫，“我们讲的农民都信，虫害防治效果非常好”。

在工作中感受到虫害之苦，农民之艰辛，傅廷栋对农业的兴趣才算是在土地里扎了根：“农民需要我们，农业需要我们，也让我们找到了自身的价值，但感到自己所学的知识太少，很想进一步提高自己。”

1956年，中央动员在职干部报考高等学校，加快技术人才培养，为了学习更多的知识，傅廷栋主动打报告申请考大学，经过两个多月的复习，不负众望考上了华中农学院（现名华中农业大学），从此开始了50多年向农业科学高峰攀登之路。

事实上，熟悉傅廷栋的人都知道，少年时代的他一直怀揣着一个文学梦。

小时候，他最喜欢的课就是语文课，作文写得好，中学时还获过不少奖，梦想着长大后可以修读文学专业。

他爱看书，尤其是中国传统名著，常常读得如痴如醉。因为爱看书，还曾在家乡留下一段逸事。小小年纪的傅廷栋捧着厚厚的《三国演义》翻个不停，被路过的人取笑：“小孩儿，你还没有这本书重咧！”

钟情文学的傅廷栋，在与农业结缘后，在学习、工作中培养了自己对农业的浓厚兴趣，用半个多世纪雕琢着心中最美的花，成为国际上著名的油菜遗传育种专家，有“杂交油菜学科带头人”的美称。

面对现在很多学生专业和兴趣的冲突，傅廷栋常常现身说法:"年轻人应该全面学习,不管你以后搞什么专业,都是有帮助的。兴趣可以培养,它们之间不会互相影响,甚至会相互促进。"

傅廷栋用"西游体"来进行农业科普创作,出版的科普读物《西游后记——漫游农业》,得到读者的普遍赞扬。8.5万字的内容,把科普、神话、杂文结合在一起,傅廷栋力图将专业上的知识用文学的形式传播开来。

傅廷栋说,将两个兴趣相结合,有了丰富的专业知识作支撑,他写的时候轻松有趣,"希望青少年能够从中学到知识、引起兴趣、激发灵感、培养科学精神"。

他鼓励年轻人调整兴趣,培养兴趣,"既来之,则安之"未尝不是好方法,"优良的种子即使在贫瘠的土壤里也要生根、发芽、开花、结果"。

智商情商之外还要有"逆商"

1972年3月20日,对于34岁的傅廷栋来说,是再普通不过的一天,但对于世界油菜育种研究来说,却是具有里程碑意义的一天。

这一天,傅廷栋和往常一样,吃完饭就扎进校办农场金黄色的油菜地里,"东找找,西找找,看有没有雄性不育油菜"。

这一天,傅廷栋发现了19株"波里马雄性不育型"油菜,从此被国内外广泛应用于油菜育种实践。作为国际上发现的"第一个有实用价值的油菜波里马雄性不育类型Pol CMS","为国际杂交油菜实用化铺平了道路"。

一个数字可以为此写下注脚:世界上杂交油菜应用于生产的

第一个十年（1985—1994年），国内外育成的油菜“三系”杂种中，有大约80%的杂交种是用他首次发现的波里马胞质不育型（Pol CMS）育成的。

在傅廷栋看来，收获的背后，既是偶然，也是必然，是学习和思考了十年之后，又寻找了三年的结果。为了这个发现，青年傅廷栋经历了无数次的试验、一一排除过的油菜达几十万株。

“年轻人要做好一切准备，等待机遇。在等待机遇的过程中，正视自己遭遇的挫折。”在大学新生的迎新第一课上，他追溯过往，真诚地告诫青年一代，“一个人在成长的道路上不仅要有良好的智商、情商，还要有‘逆商’，这样在面对困难时才能泰然处之。”

多年与青年人的接触和观察，傅廷栋注意到一个现象，现在的孩子特别聪明，什么东西一点就通，“智商很高，但情商不一定高，而‘逆商’更有待提高”。

在傅廷栋看来，背后的原因之一，就在于独生子女一代，从小看得娇，人际交往较少，生活条件好，加上功课“逼得紧”，没有经历过艰苦的条件。

大学校园里的学生自杀事件让人扼腕叹息，而2014年世界卫生组织首份预防自杀报告的数据更是让人震惊——全球每年有80万人自杀死亡，自杀已成为15至29岁年龄段年轻人死亡的主要原因之一。

傅廷栋给青少年的“药方”是多读一点传统文化作品：“中国的传统文化有很多精华的东西，可以从中了解中国的历史文化，提高文化素质，开阔视野，体悟人生，要对自己负责，对家庭负责，对国家负责！”

一本三国，他就解读出这样的内涵：“曹操的‘逆商’很高，赤壁之战，八十万军队被消灭了，但是他并不灰心从头再来；刘备在宜昌与吴国作战，被陆逊火烧连营，实际只损失4万人，败退白帝城，受不了这一挫折，就一病不起。说明他的‘逆商’比曹操差多了！”

“机遇对每一个人都是一样的，但机遇只给做好准备的人。”在一次讲座中，傅廷栋这样寄语年青一代：“提高‘逆商’，易成大事”。

（雷宇、谢婷婷、刘玥，华中农业大学傅廷栋院士办公室）

个人简介

傅廷栋，油菜遗传育种学家。中国油菜杂种优势利用研究的开拓者之一。

1954年傅廷栋从喜泉农校（后改为西江农校，现为肇庆农校）农艺科毕业，分配到广东省中山县农业局横栏区农业技术推广站工作。

1956年，国务院发出《动员在职干部报考高等学校》的通知，傅廷栋获准报考，并考取了华中农学院（现名华中农业大学）农学系。他非常珍惜这个来之不易的学习机会，总感到有一股力量推动着自己去如饥似渴地刻苦学习。4年共学习约30门课程，他考试成绩获得5分的课程（当时实行5分制）占90%。同学们要他介绍学习经验，他说，一要有明确的学习目的，二要有计划地充分利用时间，三要理论联系实际地学习。他经常到田间去观察，体验事物的发生发展和来龙去脉，这比单纯背书本的效果要好得多。

1960年，他大学毕业后留校任教。1962年，傅廷栋考取了著名油菜遗传育种学家刘后利教授的研究生，成为新中国第一位油菜遗传育种方向的研究生。在导师的精心指导下，系统进行了不同生育期甘蓝型油菜品种形态及生理特性的研究。1965年，他完成研究生学业后又留校任教。

1972年他在国际上首先发现波里马胞质雄性不育型，之后育成了稳定的胞质雄性不育系和优质高产杂交油菜品种华杂2号、华杂3号、华杂4号等优质高产杂交油菜在生产上推广，为中国油菜生产作出了重要贡献。1995年5月当选为中国工程院院士；2004年当选为第三世界科学院院士。

一问一答

问：您是如何培养起对农学的兴趣的呢？

答：上农校时有兴趣，但不是很深，真正产生兴趣是工作之后，1955年广东虫害非常严重，我们几个人天天探索、总结治虫经验，因为到了晚上虫子跟着灯走，我们就动员上千名农民提着灯捉虫子，效果非常好，《南方日报》还专门刊登了我们的事迹。这时我发现，学农对于农业发展和提高自身价值还是很有用的，就慢慢坚定了自己的信心。

问：中学阶段培养的哪些品质对您后期的发展起到作用？

答：首先是艰苦奋斗的精神，我们中学时学习条件很艰苦，让我更懂得当下的来之不易。其次是同情心，要对周围的人和事有同情心，学会理解别人。再就是理论联系实际。

问：您在学习过程中是如何做到理论联系实际的？

答：我曾是植物学课代表，按照十字花科、菊科等不同种类将植物做成标本，考试前用绳子挂在教室走廊里，让同学们都过去看，每种植物长什么样、有什么病虫害，都记得很牢。这样一来，我自己学习了，大家也学习了。

问：您在教育年轻一代时会注意些什么？

答：启发他们。有人讲知识就是力量，有人讲团结就是力量，有人讲信心就是力量，在这个基础上，我还要说感恩就是力量、责任就是力量。年轻人要懂得感恩父母、感恩师长、感恩亲朋、感恩国家，要肩负起对自己、对家庭、对国家的责任。

延伸阅读

『农民院士』的『油菜人生』

◎傅廷栋院士

▲ 傅廷栋（绘：杨承溢）

被誉为“世界杂交油菜之父”的傅廷栋，5岁那年，父母双亡，与叔父、堂兄一起生活。因抗日战争，小学念了4年多就被中断，抗战胜利后，傅廷栋考入连滩镇第五初级中学，1951年毕业。

当时的家境是不允许他上学的，所以很珍惜上学的机会。傅廷栋的家乡当时只有广东省喜泉农校（现为肇庆农校）一所中专学校，并且不收学费，加上少年时代的傅廷栋对生物很感兴趣，特别喜欢养鸡、养虫、捉鱼，于是他就报考了农校，从此与农业结下不解之缘。

从喜泉农校农艺科毕业后，傅廷栋被分配到广东省中山县农业局横栏区农业技术推广站工作，他在老同志的带领下，到互助组、合作社驻点。“说是合作社，其实只有三个人，还有两个是我同学，一起被分配来的。”傅廷栋说。

刚去工作时，是没有房子住的，三个人就住在村民家里，在村民的房子边搭个小棚子，每天下地插秧。与农民同吃、同住、同劳动。

傅廷栋说：“中专学的知识很宽泛，于是在跟村民讲解时总会闹笑话、出洋相。”劳动之余，有一个村民拿着田里捉来的虫子问他是什么类别的，因为不认识，他就一边拿着虫子一边对照课本，结果找到一个“相似”的图片。“其实那张就是手里虫子的样本图片，只是当时就不明白，为什么书本上的虫子看起来比手里的虫子大得多？结果就闹了笑话。”

“还有一次，给猪打疫苗，因为从来没有尝试过，拿着针管吸了半天也没把药吸进去，后来才知道，每次要先打点空气进去才行，当时真是有点傻。”傅廷栋说。

“上中专的机会真的太难得了，所以我从不浪费时间。”由于备考学习的时间比较短，入校后，他感觉“与应届生比基础还是要差一些”。

“读书期间，我有一个随身携带的小本子，每到周末，就在本子上写下自己下一周的学习计划。”说着，他将身边一个记事本拿起，比画着，“现在还有这个习惯，随身带个本子记事情。”学习计划里，除了吃饭睡觉，其他的时间都被学习占得满满当当。“吃饭前干什么，吃饭后干什么，做什么实验、看什么书，都写得清清楚楚。”大学时期简单甚至略显乏味的生活就囊括在他的小本子里。

不仅大学期间成绩优异，傅廷栋还是同学们眼中认真负责的学生干部。担任植物学科代表的他，在学习之余会亲自采集植物标本，然后将标本贴到宿舍楼道里供其他同学学习。“我自己采集的时候提前学习辨认这些植物，也让同学们有了学习的机会。”年逾七十的傅老回忆起自己的学生时代，语气里是掩饰不住的兴奋。

大学本科毕业后，傅廷栋留在华中农学院当了两年助教，报考了著名油菜遗传育种学家刘后利教授的研究生。“全校只有三个研究生，老师上课就只对着一个学生。”虽然那时候物质条件比较艰苦，但一对一的教学却也让学生受益匪浅。为了让一个人的课堂不至于太沉闷，学校的老师被动员陪着傅廷栋上课、做实验、考试。“我认为这是最早的‘三陪’。”说起当年读研究生的生活，傅老俏皮地比喻。

与教授“同床共枕”

1956年，18岁的傅廷栋考入华中农学院农学系。入学不久后的新生大会上，他第一次远远地看见坐在主席台上作报告的刘后利老师。“那时刘老师是系里的副主任，是教授，我打心眼里仰慕他，可从没想过自己以后会和他产生什么亲近关系。”

1959年，刘后利教授和学生一起背起行李，去天门搞下乡调查。由于村里没有多余的房子给这十几个人的调查队住，队员们只好两人共一张床。分来分去到最后，只剩下了大三学生傅廷栋和刘老师。“他是大名鼎鼎的教授，可一点不挑剔，二话没说就开始铺床。”傅院士回忆，那是他第一次近距离接触刘教授。“我对他的感情也一下子从仰慕变成了敬佩。”

在傅院士印象中，刘后利教授对学生的学术要求相当严格。

1962年，已留校工作的傅廷栋成为刘教授在油菜遗传育种方向的第一个研究生。“刘老师的治学思想是‘科学家要有科学态度’，所以哪怕我们在一个很细微的专业问题上有不同认识，他都会一遍又一遍地和我们探讨。但他的态度从来都是平等的，和蔼的。”傅院士说。

刘后利教授在生活上对学生的关心，总令傅院士动容。“我做学生的时候谈了个女朋友，就是现在的老伴，那时候她在汉阳工作，每次来学校看我，总是没吃饭和没住的地方。”傅院士笑着说，刘老知道后，经常让他带着女朋友到自己家去，和他的家人一起吃饭，晚上则在他女儿床上休息。“现在回想起来，我都觉得心里是暖和的。”傅院士说。

（本文综合:《长江商报》《楚天金报》）

在艰苦环境中成长的邓子新深谙逆境对人格塑造的深远意义。在实验室里，他常鼓励学生:“不要害怕失败，失败有时也是一种美妙的体验。坏事可以变成好事，变成财富，要相信自己，耐得住寂寞。”

——邓子新

从小山村走出的中科院院士

逆境中自强终会『功不唐捐』

◎邓子新院士

从“土记者”到“海归”，从地地道道的山里娃到中国科学院院士，今年65岁的邓子新感慨：“一路走来，每一步都是改变命运的博弈。”

千里之行，始于足下。

邓子新成长轨迹中的每一步，都可以称得上是“功不唐捐”——中小学时，山高路远，他利用赶路的时间把课本背得滚瓜烂熟，成绩始终名列前茅；“文革”时期，他因家庭出身不好遭到百般刁难，却从文风百变的大字报中习得写作的本领；初入大学时，他因英文比同学相差一大截奋发图强，完成从倒数到前三的蜕变，抓住了出国深造的机会。

那段似乎“一切理想都没有机会实现”的青葱岁月，让他养成了坚韧自强的品质，磨砺出笑对逆境的勇气。

课文都是在上学路上背完的

1957年，邓子新出生在湖北房县，一个当时与世隔绝的小乡村，家里兄弟姐妹5个，邓子新是老幺。

历史上，房县是“帝王流放之地”，也是《诗经》故里，文化

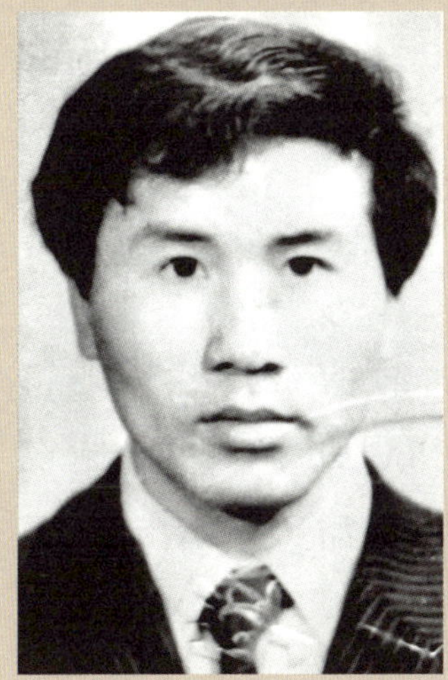

▲ 青年邓子新

▲ 院士邓子新

底蕴深厚。邓子新的父母都是农民，虽然识字不多，但对读书人始终有一份敬畏，千方百计供孩子们上学。

当时，家家户户几乎都是吃了上顿没下顿，精打细算的母亲常常用半斤谷子换来5斤红薯给孩子们煮粥喝。即便如此，家里还是常常半个月就吃完了一个月的口粮。小时候，邓子新最大的愿望就是“不要饿着肚子去学校”。

小学5年，邓子新用过的练习本全是用别人剩下的残本旧纸装订而成，而且页页都是顶格写，常常连上下左右那点缝隙都舍不得浪费。

“每学期的2块钱学费，迟迟无法交上。”记忆深处，永远地埋藏着一个懵懂少年的羞涩往事。

邓子新小学三年级时，“文革”开始，所有的学生都被迫留级，他换过两次小学，也读了两个三年级，初中都是在小学附设的初中班里读完的。而曾经成绩优秀的哥哥姐姐因为年龄大无法升学读高中，错失了“改变命运的机会”，让人不禁感慨造化弄人。

其时，整个社会对知识的重视程度不高，课外书也少。邓子新对仅有的几本教材倍加珍视，常常是课本刚发下来没多久，他就已经把课文背得滚瓜烂熟。

“那时候读书完全靠自觉，课本是不够学的，对知识如饥似渴。”多年后，邓子新如是回顾自己的中小学时代。

文化的荒芜，造成了人们精神世界的匮乏和对知识的渴求。金庸武侠小说、《红楼梦》《水浒传》……好不容易淘到一本书，要好的同学就会一起传抄，常常是一位同学抄完了，就马上交给下一位，以微弱的力量对抗着那个推崇“读书无用论”的时代。

初中毕业时，邓子新考入了县一中。邓家住县西头，学校却在县东头，距离有五六里地的路程。家里没有钟表，母亲靠着天时和鸡鸣掌握起床时间，邓子新天不亮就得出发，上完晨读课跑回家喝一碗稀饭又走，每天“一路小跑”往返三个来回，有时干脆饿着肚子上课。

每天三个多小时的步行上学时间，在今天的青少年看来，似乎有些难以想象。但对邓子新来说，这也造就了他一副铁脚板，到如今年过花甲，走起路来“年轻人都很难赶得上”。

这漫漫求学之路更是邓子新的“求索之路”——他可以边赶路边背诵语文课文、数学定理、化学方程式……手中的书，伴着脚下的路。

直到今日，邓子新还能将《海燕》《背影》《桃花源记》等课文倒背如流，“昨天的事情转身可能记不起来，那时背的书一辈子都忘不掉”。

过年时，家家户户都贴上对联，邓子新视若珍宝。上学路上，他每经过一户都要跑到人家门口细细品鉴，同时还用手在空中比画，模仿运笔。一条街走下来，家家户户的对联内容、字体他都已了然于胸，至今回想，仍觉得“十分过瘾”。

向自然学习，向生活学习。回首自己的成长路，邓子新常常感慨今天青少年一代生活和视野的狭窄，“只要你肯学习的话，你的学习是无处不在的，好多东西可能不知不觉地造就你”。

良好的学习习惯似乎很早就已养成。课间休息，别的同学都在闲聊、打闹，邓子新会迅速做完作业，提前预习下节课内容。

有一次上化学课时，老师正在黑板上写化学方程式，全班鸦雀无声，邓子新突然站起来：“老师，你这个方程式写错了，化学反应不能发生！”

同学们都愣住了，齐刷刷看向他。邓子新镇定自若地解释：

◀ 与水相亲

◀ 采访后合影留念

◀ 采访后合影留念

“按照化学反应金属的活跃程度，惰性分子不能够置换活跃分子，反应是不能发生的。”

“课都还没上，你一下子就能看出来！”化学老师惊叹不已。这也让邓子新备受鼓舞，对化学的兴趣大增，化学逐渐成为他在理科中最拿手的学科，为他多年之后在生物化学和分子生物学研究的成就埋下了“草蛇灰线”。

和很多年轻人相处多了，邓子新也总结出一条学习的“巧径”：读书习惯养成得越早，你越是在前面跑，人也不累；倒是在后面追的人，累得一天到晚吭哧吭哧。

今天回首那个年代，很多人看到的似乎是满目的灰色。而在少年邓子新眼中，依然有着温暖的亮色。

年初开始在村头河里放只小羊，过年时的羊肉能让一年时光都口齿留香；课余时间，学校排演样板戏，《红灯记》《沙家浜》……邓子新正派反派都能上手，演过李玉和，也扮过坐山雕，还专门走村串户去演出。

“爱好写作让我跳出了农门”

十几岁起，邓子新已经开始为父母持家分忧了。

哥哥姐姐出去劳动挣工分，邓子新就负责砍柴烧火。家附近的柴火都被人拾得差不多了，适合生火的需要到更远的地方找，他每周选择有劳动课或体育课的一天，“伺机”请假回家砍柴，挑着上百斤的柴火走十多里山路都是常有的事。

因为成绩优秀，邓子新也曾做过一段时间班上的学习委员，但每天收齐全班同学的作业需要等到很晚，他选择了放弃。

空出的时间，这个农家少年一放学就跑到河里去砸石子，卖给铺公路的工程队换钱。但经常一砸十天半月，快堆成一座小山了，被民工指挥部发现，借“割资本主义尾巴”之名就一次性没收了，让人伤心欲绝。

生活艰苦，在邓子新心底，“一直有个跳出农门的梦想，一直有种改变命运的渴望”。

从小熟背课文，邓子新的语文功底一直不错。高中时，师从后来被评为全国特级教师的语文老师党国定，党老师上课出口成章，写得一手好板书，深受同学们喜爱。

那个时代还没有追星一说，小县城里，花季少年最大的偶像就是追老师，而党老师也是邓子新最喜欢的，基本语文课一上完，他就能流利地背诵了。“老师的特色特点可以说渗透到了学生的骨子里面”。

党老师也喜欢聪慧好学的邓子新，经常把他的作文作为范文在班上念，这让邓子新很受鼓舞，对文学写作的兴趣也越来越浓。

1975年，邓子新高中毕业回到农村，18岁的小伙子成了家里的顶梁柱，成了远近闻名的“工分大王”。

人生成长的道路，往往偶然中潜藏着必然。

因为写作的兴趣，邓子新一边干农活，一边做起了“土记者”。他拿个小本本四处采访，生产队的新人新事，农村的精神面貌，都是他的素材。没有课外书籍，过期报纸杂志、墙上的大字报就是他的教材。

渐渐地，邓子新“写出了一点名气”。县里、镇上有什么干部会议、民兵工作甚至妇女计划生育典型，都来找他写报道。

那时候“土记者”投稿不用贴邮票，邓子新就在稿纸下面垫上七八层复写纸，手腕上攒着劲儿写字，写出一式几份的稿子，天南海北地到处邮寄。

从《郧阳报》《湖北日报》《人民日报》到中央人民广播电台，投了数百篇稿件都是石沉大海。即便如此，邓子新仍不知疲倦地“卯着劲写”。白天在生产队上干活，晚上在煤油灯下写作。

如今回想起来，邓子新觉得当时的自己有些“天真好笑”。“但当时的我，对这些作品可是寄予了极大的希望，希望能被伯乐发现，得到一些好的工作机会。”

终于，《郧阳报》采用了邓子新一篇关于应征入伍家属自强不息的通讯报道，年底还被评选为“模范通讯员”。“我自豪得不得了，从此更是一发不可收拾，一件芝麻大的事儿，也能写出洋

▶ 图说待补充

洋几千字。”

1977年，恢复高考的喜讯传来，邓子新内心的希望之光在鄂西北大山遥远的夜空悄然升起。

大队书记开完会，回来向村民传信：“高考虽然改革了，但还要和贫下中农推荐制结合起来。如果两个人同时考上，只能走一个的话，还是要听贫下中农的话，群众推荐谁去，谁才能去。”

恢复高考之前，谁能上大学、谁能上中专，都是贫下中农推荐的，大队书记甚至已经把到1982级的大学生人选都确定了。邓子新祖上以纺纱织布手工业为生，家庭成分有问题，“根本不会有我们的份”。

不管怎样，得知恢复高考后，人人都憋着一股劲儿，想通过这次考试改变命运。为了准备考试，邓子新身边的贫下中农子弟都得到了特许，可以两个月不去上工。但每天清晨，大队书记还是专门跑到邓子新家，喊他去搞治山、治水、治农田的“三治建设”。

每天夜里，邓子新带着满身的疲惫，挤出两个小时“挑灯夜战”。身边还总是有声音提醒他、“教育”他，让他不要想入非非，老老实实把活儿干好。

高考头一天，邓子新还在山上打眼放炮。考试当天早上，妈妈给他炒了一碗饭，算是无声的鼓励。家里没有钟表，邓子新看着天要亮了，就动身出发，带着开山放炮的一身泥土，走进破旧不堪的县一中考场。

邓子新感慨，现在的孩子参加高考，常常是全家人上阵陪考，对比来看，很有意思。

没有多少时间复习，但好在长期的新闻写作锻炼，让邓子新在文笔和政治嗅觉上占了优势。

高考时，有一道5分的政治题，要求解释“四人帮”的含义。这对于每天看大字报，写黑板报、采写新闻的邓子新来说“简直是小菜一碟”，写出四人名字后，还洋洋洒洒对其所作所为作出评价。

事后邓子新偶然看到试卷评分标准才得知，如果只写出四位成员的名字，只得1分，给每位成员都“定性”，才能把分拿满。“如果不是写稿子长期地锻炼，我这4分可能就拿不到了。”

高考成绩出来，邓子新凭着语文、政治比别人高几分的优势，达到了湖北考生参加初选的标准，成为所在公社6个农业大队唯一进入首批初选的考生，被华中农学院（今华中农业大学）微生物专业录取。

当时，有很多分数过线的考生因为政治因素又被压了下去。而大队书记也给家庭成分不好的邓子新打预防针：“只要有第二个人考上，你就不要妄想。”

所幸，邓子新在县里写稿子已经写出了名，长期给县里领导写讲话稿的他得到了县招办的特别关照，才得以在初选后的群众推荐和政审环节被放了一马。

邓子新感慨，倘若没有当初的“土记者”，大概也就没有后来的“邓院士”了。“现在想想，我为改变命运做出的种种努力，在当时大多付诸东流。但长远来看，正是这些‘胆大包天’的行为，让我受益匪浅。所谓功不唐捐，大抵如是。”

在后来的科研工作中，扎实的写作功底也让邓子新总能以通俗易懂的语言解释专业领域现象，“你的论文如果能够更形象生动、简明扼要，即使不是内行，他也能够看得懂，你就高人一筹。”

在邓子新看来，兴趣的培养对青少年成长至关重要，而千篇

▲ 学术论坛上的风采

一律的教育模式会限制个人的全面发展:“大家一天到晚围绕着那几个题去内卷，只为多考几分，把学生压得喘不过气来。所以要改变目前这个现状，我们要去启迪这种人文的精神、科学的精神、爱国的精神，激发各方面的热情，我们的民族才会越来越有希望。”

多年来，邓子新也在身体力行，希望能在有限的生命中将科学的种子传递下去，用生命影响生命。

他任上海交大微生物代谢国家重点实验室主任期间，始终面向社会开放，积极组织公众开放日活动，接待市民、本科生、中学生来参观实践；2021年，邓子新与他的团队在武汉和房县两地，挂牌成立了科普工作室和青少年科普教育中心，给中学生做科普讲座，激发他们对科学的兴趣。“青年人的成长，是我们科研生涯的延续。”

逆境中自强，顺境中自律

高度自律之外，父母的言传身教给邓子新提供了为人处世的榜样。

一次，父亲让小子新去商店打一瓶酱油。他打完了酱油走到半路时，却发现5分钱还在手中攥着。

邓子新沾沾自喜地回家告诉父亲："售货员没收我钱！"没想到，父亲却很生气："你赶紧给人家送回去！"年幼的邓子新很是不解，但还是在父亲的责令下照办了。

回到家后，父亲告诉邓子新："人家给你了酱油，你没给人家钱，到时候售货员要赔这5分钱，可能一天就白干了。"

尽管家境贫寒，但父亲的正直、诚实给年幼的子新上了重要一课。

多年之后，在英国攻读博士学位的邓子新沉浸在知识的海洋里，抓紧一切时间学习，从来没有给自己放过一天假。但在百忙之中，他坚持抽出时间收集国外最新的文献资料，整理成册后寄给国内的专家。

那时，国内的相关信息滞后严重，影印资料常常要晚于文献发表一年多的时间，这对于日新月异的科学研究几乎是致命的缺陷。而邓子新长期的"人肉搬运"成为国内一些专家与世界学科前沿连接的桥梁，"那是他们在国内根本接触不到的，比金子还要宝贵"。

在这过程中，邓子新与国内行业翘楚建立了深厚的友谊，也成为他之后回国进行科学研究的强有力支柱。

邓子新坦言，自己这种助人为乐、为他人着想的品质正是得益于优良家风的耳濡目染："父亲教会了我用逆向思维看问题。有的人一天到晚抱怨社会对他不好，但比你困难、比你更艰苦的人多的是，这样一想你反而能够去帮助别人，解别人的燃眉之急。"

近些年来，在到各地的讲学和交流中，邓子新注意到一个现象：如今很多孩子"都是在糖罐子里长大的"，心理承受能力太差，遇到一点小挫折就觉得"天都要塌了"，"在过于安逸的环境下长大，会缺失奋斗的激情和对世界的好奇心"。

而在艰苦环境中成长的邓子新深谙逆境对人格塑造的深远意义。在实验室里，他常鼓励学生："不要害怕失败，失败有时也是一种美妙的体验。坏事可以变成好事，变成财富，要相信自己，耐得住寂寞。"

1984年，邓子新在做细菌DNA的电泳实验时，观察到一个现象——在同一块电泳凝胶上，有些细菌的DNA发生了降解，另一些则没有。

这在微生物领域似乎已经司空见惯，很多文献对此都有同样的解释，即认为是人工操作中不小心污染了核酸酶造成的，邓子新却想"刨根问底"。

在他看来，整个DNA的提取、电泳等过程中都是同一个人操作的，为什么在同样的环境、操作方法和实验条件下不同生物来源的DNA会出现降解特性完全相反的差异呢？这不应该是DNA提取过程中人工操作的问题，倒像是由不同生物自身的遗传特性决定的。

带着这个疑惑，邓子新回到了当时百废待兴的中国，回到了母校狮子山上，希望在这里证实自己的猜想，为祖国做出贡献。

刚回国时，用国家给留学人员的免税指标买回的"稀罕物"——冰箱、微波炉没有被邓子新搬回家，而是放进了实验室

▲ 注目蓝天

里存试剂和融化试剂。

当时在武汉很多试剂买不到，他就自己坐20个小时的火车跑到北京上海购买。试剂怕高温，邓子新每次都要找列车长商量，把试剂放到餐车的冰箱里保存，即便如此，试剂还是经常在事与愿违的温度环境中损坏了。“当时做事是真难啊！”

更困难的是新颖的想法并不总是能够得到同行的认可或支持。

20世纪90年代中期，邓子新实验得到初步数据，分析这种现象可能与硫有关，但因为想法太新，国际国内都不认可，曾经广受关注的学术新秀在这个项目上数次申请都“名落孙山”，论文没地方发，也得不到像样的资助。

相当长一段时间内，邓子新试图在各大国际会议上通过回应专家的质疑获取支持。每面对一个质疑，邓子新和他的团队都要经历一两年的实验过程才能解答。

就是这样一个“非共识项目”，被邓子新在痛苦与执着中“放下又捡起来，反反复复无数次”。

没有经费，他从别的项目里挤出经费来。最困难时候，甚至实验室里的学生都在悄悄告诫新进门的学妹，“这个项目就是一个天坑”。

终于，经过近二十年在黑暗中的摸索，2004年，邓子新的团队在实验中证实了细菌DNA分子中第六种元素——硫元素的存在，改变了全世界对DNA的认知。

次年，邓子新当选中国科学院院士，这一年，他才48岁。2007年，硫修饰的精细化学结构得以阐明，被评为“全球十大科学新闻”之一。

一个石沉大海的谜被解开了，邓子新将冷板凳坐热，在国际上开创了表观遗传学崭新的分支领域。“就像站在上海东方明珠电视塔上一样，一切都那么开阔，可以看得那么远”。

“一帆风顺的人不会有大的作为。”邓子新院士寄语青年一代，虽然当下物质条件已经得到了极大改善，但社会日益激烈的竞争环境亦算是一种新的逆境，每个人的一生其实大多都是在逆境中度过，顺境的时候比较少。“要记住一点，逆境中自强，顺境中自律，有敢于把冷门焐热的勇气、执着和毅力。”

（朱可芯、徐周灿、雷宇，武汉大学邓子新院士办公室）

个人简介

邓子新，1957年3月23日出生于湖北省十堰市房县，著名微生物学家，国际工业微生物遗传学国际委员会主席。2005年当选中国科学院院士；2006年当选发展中国家科学院院士；2010年任武汉大学教授，同年当选美国微生物科学院院士；2020年当选俄罗斯工程院外籍院士。曾获何梁何利科学技术奖、全国“五一”劳动奖章、全国劳动模范称号、谈家桢生命科学成就奖、国家自然科学二等奖、教育部自然科学一等奖等。

主要从事放线菌遗传学及抗生素生物合成的生物化学和分子生物学研究。首次在众多细菌的DNA上发现了硫修饰，这是在DNA骨架上发现的第一种生理性修饰，打开了DNA硫修饰这个全新的科学领域。先后共主持50余项国家级和国际合作项目。

一问一答

问：现在的青年人中心理健康问题非常普遍，您怎么看待这个问题？

邓：现在的孩子是在“糖罐子”中长大的，家庭条件也很好，但是完全经不起风吹雨打。芝麻大的事情，都是他们的逆境。而逆境在我们这一代人身上，在我们看来都不是逆境，所以因为你经历了、你处理了、你面对了，真正（等）你遇到再大的逆境已经泰然自若，那根本就没有什么逆境可言。而今天的年轻人动不动要跳楼自杀，你问他什么原因，那个原因可能根本不值得一提。失恋或者是抑郁，一点很小的事情，都会让自己崩溃。他们整个中小学的时代，一天到晚在糖罐子里头过，学习也就是读那几本教材，而且还专门去找中心思想，找如何去答这些考试题，能够提高分数，他就没有去发展很宽广的知识并提高各方面的素养，这是我们现在（青少年）缺的东西。

延伸阅读

从十堰走出的世界顶级科学家

◎邓子新院士

▲ 邓子新院士的插画来源：朱婧怡AI制作

三年两级跳，他从贫困深山走向世界科学最前沿

1957年，邓子新出生在房县的一个贫苦农家，五个兄弟姐妹中他最小。

父母显然对这个小儿子寄托了最多的希望，指望他长大成才，过上美好的新生活，于是取名为“子新”。

邓子新没有辜负父母的期待。每天白天，懂事的他要在工地上帮忙干活，为了抓紧时间学习，他便利用晚上睡觉的时间看书，经常挑灯战至次日凌晨，一天只睡三四个小时。

机会往往留给有准备的人。1977年，邓子新迎来了恢复高考的喜讯，这也成为他生命中的一次重大转折。

村里人都知道了这个前一天还在工地上干活儿、第二天就带着满身泥土进考场的山里娃。1978年2月，邓子新以优异的成绩成为华中农学院（现华中农业大学）土化系微生物专业的一名大学生。

经过4年的大学锤炼，邓子新毕业后获得了留校任教的机会。当时，华中农学院院长、土壤微生物学家陈华癸院士和微生物学教授周启对他十分赏识，便推荐他到英国约翰·因纳斯研究中心深造，师从链霉菌分子生物学权威戴维·霍普伍德教授。这个从贫困山区走出来的少年，一步步走到了现代科学领域的最前沿。

在英国约翰·因纳斯研究中心学习期间，邓子新像是进入了一个充满魔力的磁场，如饥似渴地吮吸着一切新鲜知识和营养。他几乎放弃了所有节假日，也无暇和普通年轻人一样，流连于伦敦闹市的繁华。邓子新每天的行程路线极其简单：课堂、实验室、

图书馆三点一线，夜以继日地实验、观察、记录、思考。

有一天，邓子新突然产生一个大胆的想法，翻遍教科书和资料却没能找到答案，他迫不及待地向导师汇报，霍普伍德教授思考许久后微笑着对他说："这是微生物送给你的礼物。"教授鼓励他继续研究，同时立即决定终止他原定用两年时间攻读硕士学位的计划，资助他进入东安格利亚大学注册攻读博士。就这样，邓子新用短短三年的时间，完成了硕士和博士学业的两级跳。

1987年5月，邓子新顺利通过博士论文答辩，戴上令众人钦羡的英国皇家博士帽。在此期间，他还先后拥有"从分子水平上阐明了一个链霉菌的启动子和一个终止子在大肠杆菌中的表达"等四项世界级的科学发现，论文分别发表在当时的世界级权威科学刊物《基因》《核酸研究》《分子遗传和普通遗传学》上，获得了业内的高度评价。

此时的邓子新前途一片光明，约翰·因纳斯研究中心竭力挽留他成为博士后，也有许多科研机构向他抛出了橄榄枝。

一边是国外优渥的科研条件、丰厚的物质待遇、众多的就业选择，一边是国内百废待兴的生命科学领域、薄弱的科研基础，但邓子新毅然选择了回国。

带着对祖国的满腔热忱，1988年6月，邓子新带着新婚妻子回到了华中农业大学任教，过起了拿着90多元月薪、搞基础研究的普通生活。

遇事刨根问底，他坚守20年终于破解DNA新密码

日子过得波澜不惊，研究上遇到的科学难题却一个接着一个。有一次，邓子新在做一批细菌DNA的电泳实验时，发现在同

一块电泳凝胶上，一些细菌的DNA发生了降解，而另一些细菌的DNA则不降解。

这原本是一个被解释为“人工污染”的常见现象，但在那一刻，邓子新突然对这个解释产生了怀疑，“我认为这不应该是DNA提取过程中人工操作的问题，倒像是由不同生物自身的遗传特性决定的，所以我就想刨根问底”。

此后，邓子新花了10年时间来证明自己的怀疑是有依据的。1997年，他和同事一起将有关基因分离出来，分析结果暗示，这些基因编码的蛋白质与硫有关。然而，由于此前人类所知道的DNA修饰只有甲基化一种，邓子新的发现遭到学界的普遍质疑，论文发表不了，也无法申请实验经费。每一个质疑，都要花上一年半载的实验来论证。

所幸，2000年适逢上海交通大学创办Bio-X生命科学研究中心，邓子新得以与上海交大结缘，不仅在研究中心组建了微生物遗传学团队，设备和试剂条件也得到了极大改观。2004年，邓子新在实验中证实了细菌DNA分子中硫元素的存在，他的研究成果也随之进入国际视野。

探寻真相的过程，如此曲折、漫长。在经过了20年的艰苦研究之后，邓子新关于DNA上硫修饰的结论，才得到国内外权威机构的广泛认可。在这个不被人看好的科研项目上，邓子新用20年的沉默、20年的坚持和20年最珍贵的青春年华证明了自己。

在之后的科研攻关中，邓子新团队开展了提高抗生素药物产量和创新药物的研究，提高了很多重要微生物药物的产率，获得了数十个新抗衍生物，申请了20余项发明专利。

邓子新常说，在科学研究中，有时候难免要面对失败、面对挫折、面对逆境，这个时候，必须埋头苦干，相信自己。要耐得住寂寞，有敢于把冷门焐热的勇气、执着和毅力。

组建强大团队，他投身光谷助力生物产业起飞

2009年底，武汉东湖高新区成为继中关村之后第二个国家自主创新示范区。邓子新欣然接受了家乡领导的诚挚邀请，回到了武汉。

邓子新的到来，引发了光谷生物产业人才的“森林效应”：他带来了一支由十多位“牛人”组成的强大科研团队，他们分别来自英国剑桥大学、美国哈佛大学、斯坦福大学、麻省理工学院等世界名校。

此后，邓子新还力邀包括田波、卓银禧等8位院士在内的14个海内外科研团队入驻光谷，并按照平台、人才和学科三位一体的模式进行团队建设。2010年底，“组合生物合成与新药发现教育部重点实验室”获批准立项，为光谷生物产业的发展注入了新的血液，筑起了一道强大的“基础—应用—产业化”密切联系的研究后盾。

“一个放大的产业，在生产过程中所遇到的问题，远远不是我们原来在实验室里能够想象的。通过不断研究和发展，能占有那么大的市场、做成那么大的规模、对国民经济产生那么大的影响，让我们非常激动和兴奋。”在光谷生物城，邓子新关注的前沿问题，不断发生着改变，审视的角度更不一样，“我们的重要历史使命，就是要解决技术与市场脱节的问题，充当催化剂的角色，通过体制机制的创新，把实验室的技术推向市场”。

目前，他和团队在组合生物合成、植物生物反应器、纳米医药、新发传染病、治疗性抗体、干细胞工程等全球前沿领域，都

占有一席之地。

对于这样的成果，邓子新深感欣慰。朴素的语言、谦和的态度、亲切的微笑，是邓子新虚怀若谷的学者风范；科学之风骨、赤子之情怀、强国之梦想，是邓子新毕生执着追求的精神境界。

他是十堰人的骄傲，是湖北人的骄傲，更是祖国人民的骄傲。

（转引自2012年7月30日“十堰政府网”，《邓子新：从十堰走出的世界顶级科学家》，作者：徐正国）

尽管今天的时代和自己当年大不相同，但顺与逆是相对的，逆境会帮助思考，帮助反思，人生不可能都是顺境，逆境中要多想想自己的原因，不要怪命运不好，“命运要掌握在自己手中”。

——邓秀新

无论是作物生长还是青少年的成长，都遵循同样的规律

『顺境出产量，逆境促品质』

◎ 邓秀新院士

从懵懂的乡野少年到“柑橘院士”，新中国首位果树学博士邓秀新在长期的柑橘研究与开发实践中屡有突破——

在他的主持下，中国首次建立起柑橘原生质体分离、细胞融合、培养及再生技术体系，揭秘了“甜橙基因组”，支撑赣南地区柑橘发展，使其种橙面积世界第一，为重庆奉节脐橙“一棵树养30万人”的奇迹洒下汗水。

2007年12月，在出任华中农业大学校长半年后，46岁的邓秀新摘得我国科技领域的荣誉桂冠，成为当时最年轻的两院院士。

这位著名的农学专家深谙作物生长“顺境出产量，逆境促品质”的道理：生长在东北寒冷地带的稻米质量最佳，干旱山区长出的黄连药效特别高，山沟里长出的柑橘最好吃……

从艰难岁月一路走来，他自身的成长轨迹同样可以为此写下最好的注脚。

他常说“有钱难买少年贫”，物质匮乏“学工学农”的中学时代，他奔波于田野，实践于农村，幼年丧父勤工俭学的经历培养了他不怕吃苦、坚韧不拔的品质，也为他日后的成长成才打开了便利之门。

班主任争取来的高中名额

邓秀新的家乡湖南宜章，素有“楚粤孔道”之称。1961年，正是新中国经济最困难时期，他出生在一个偏远的小山村。

四岁那年，父亲病故。其时，哥哥姐姐尚未成年，刚刚出生的小妹嗷嗷待哺，原本捉襟见肘的家庭雪上加霜。

迫于生计，读初中的哥哥辍学回家，三个姐姐也只是在离家300米的小学读到二年级，半大不小的孩子挣工分养家，把接受教育的机会留给了年幼的邓秀新。

“全村（自然村）120口人，只有4个人念中学。”多年后，这位从小山村走出的院士追忆往昔，感慨于命运的神奇和自己的幸运，“是哥哥姐姐的坚持成就了我”。

1972年，邓秀新参加小升初考试，顺利进入白沙圩人民公社五七中学。

从家到学校需要翻两座山，两个小时的路途，11岁的少年“跑起来快得很”，也不觉得累。

就是在这所中学，邓秀新遇到了让他感念一生的恩师——刘根发老师。

师范毕业的刘老师教数学，也是班主任，腰椎损伤不能站直，但他“身残志不残”，钻业务，爱学生。

有一次，刘老师在带队竞赛时碰到一道因式分解的题目，一些高年级的参赛选手没做出来，就打算让正在学习这个章节内容的学生来试试。没想到邓秀新一下就解出来了，这让刘老师对他刮目相看。

听闻邓秀新家庭情况后，虽然行动不便，但刘老师仍旧翻山越岭跑到他家做调查，帮他争取到每年1.5元的助学金。

这笔“相当于全年学费”的资助，给予了邓家坚持的力量，也温暖了邓秀新的少年时光。

邓秀新的数学成绩渐渐稳居班级第一，还当上了学习委员，“每天收发作业，很有成就感”。

时间一长，他对每个同学对应的座位了然于胸，由此还衍生出校园里的一段传奇。

初二时，学校组织同学们乘坐火车到五十公里外的氮肥厂参观。刘老师行动不便，委托同事李老师带队。临到车站出发点名时，李老师才发现忘带花名册，班上五十多个学生，不清楚是否到齐。

邓秀新帮李老师解了燃眉之急，“我能够记得住每个人的坐标，把谁坐哪都报出来”。

这次进工厂，邓秀新第一次过了把坐火车的瘾，也让他有了开眼看世界的感觉，“那时农村的孩子连汽车都没见过呢”。

其时，初中升高中不经过考试，由学校老师到农村大队支部开会征求支部的意见。多年以后，邓秀新从当时在场的哥哥（那年他当生产队长）处得知了恩师一直隐藏的秘密。

原来，当时只有4个推荐名额，“根正苗红”的干部子弟都很多，一番商议后名额眼看就没了，刘根发一下子急了：“邓秀新这个孩子成绩非常好，必须去！如果不推荐太可惜。”

对于邓秀新而言，这是改变他一生命运的一句话。在刘老师的争取下，邓秀新来到了离家30多里地的宜章四中，开始了他来之不易的高中生活。

“儿时的记忆成了研究对象”

高中生活一如往日的清贫。几十人一间的大通铺，铺上些稻草就是安乐窝。

邓秀新上学需要途经荒无人烟的君子岭，每到夜晚，这一带时不时飘起磷火，山民不懂科学，坊间一直流传君子岭闹鬼之说。

因为胆子小，为了在天黑前赶到学校，邓秀新常常吃完早饭就带上米和咸菜启程，有时候还能在路上偶遇一位瑶族赵姓同学，“那时他已经走了四个多小时了”。

流行“交白卷”的年代，高中没有考试，课程和教材也不规范，学习没什么压力。比如高中英语只有24课，单词不超过200个，“32开的小本子，总共也就三四十页”。

他甚至没有学过一篇文言文，结果高考时出自《孙子兵法》的一道翻译题目让他百思不得其解，“语言教育的欠缺是中学永远的遗憾”。

大半时间里，学生们都在“学工学农”。

邓秀新学的是机电，物理老师带着整个班到村子里帮忙安电灯，三个学生负责一家，帮村民解决点儿技术活，老师则负责安装电器，“还有人专门到拖拉机厂修拖拉机”。

若用今天的标准来衡量，彼时的中学教学颇不完备。然而“歪打正着”，这也让他得以亲近自然、认识社会，学工的经历锻炼了他的实验动手能力，对日后的科学研究产生了不可估量的影响。

上山砍柴时，邓秀新经常见到山沟里生长的野橘子。到了大学，意想不到的是居然有专家对此做专门研究。他回到老家山区，将橘子带回做科研，并发表研究报告。

邓秀新近期一项突破性研究成果，也发轫于早已足迹遍布的南岭，“儿时的记忆成了我的研究对象”。

多年后，作为华中农业大学的校长，面对今天教育的重重藩篱，他常感叹现代学生学业的繁重，呼吁青少年要时常跳出书本，“以多样的方式去接触社会”。

在他看来，贡献社会的不仅仅是知识，满腹经纶不一定能解决实际问题，一个人走的地方越多，看得越多，体会就越深，思维就越活跃，“既要读万卷书，又要行万里路”。

1977年，因“文化大革命”冲击中断十年的高考制度得以恢复，工人、农民、知识青年、军人干部以及应届高中毕业生都重获“鲤鱼跃龙门”的机会，中国重新迎来尊重知识、尊重人才的春天。

1977年8月的一天，在五七中学当老师的三叔带着一张《人民日报》兴奋地找上门，告诉高中毕业回到大山以为要一辈子当农民的邓秀新，“国家可能要恢复高考了”。

到学校确认消息后，16岁的邓秀新开始集中精力复习。初中同学刘少德找到学校的一间空房，一个月的复习时间，两个人挤在一张床板上，共同走过艰苦岁月，也结下了深厚的友谊。

考前的一个情景让邓秀新记忆犹新：两名佩戴驳壳枪的武装人员将考卷从公社保密室押到考场。“多么庄严和神圣！”

考完填志愿，湖南师大毕业的三叔鼓励他胆子大一点报复旦大学。可他想响应国家“四化”号召，把志愿填写了农业机械，最终被湖南农学院录取。

有意思的是，在那个特殊的年代，从考试、填志愿再到录取，他都不知道自己考了多少分。

“顺境出产量，逆境促品质”

“文革”时期的农村经济凋敝，常常全村一半以上的人口欠生产队的钱——“超支”，一家“小萝卜头”为主的邓秀新家境遇可想而知。

邓秀新至今难忘高中时第一次出门挣钱的经历。

听说枇杷叶晒干后可以卖钱，为了凑点学费，邓秀新和姐姐一起上山采摘野生枇杷叶，妈妈负责切成条状并晒干，然后由邓秀新挑到隔壁的省份广东去卖。

长期营养不良，这个当时身高不到1.6米的少年郎，挑着两个麻袋，负重五六十斤，走到十里外的姑姑家时，“就差点跌坐在地上”。

从白天到黑夜，来回160里山路，邓秀新足足走了三天，挣到了8元钱。

睡惯了中学的硬板床，吃惯了咸菜拌饭，一直到大学一年级还穿着补丁衣服，成长岁月打上了艰苦的烙印，也赋予了邓秀新坚韧的品格。

三峡库区移民时，已是大学副校长的他借宿在农民家里。同行的人说:“哎呀，您不能住这里，这怎么住啊?”可邓秀新安之若素，“晚上睡得特别香”。

他一头扎进果树生物工程技术，硕士期间攻克“柑橘愈伤组织染色体变异研究”课题，攻读博士学位期间攻克柑橘原生质体培养及植株再生技术，使我国继以色列和日本之后，成为世界上

▲ 邓秀新院士在果园现场给学生讲解知识

第三个获得柑橘原生质体再生植株的国家。

他每年抽出20%的时间深入基层，我国绝大多数种植柑橘的地方都留下了他的足迹，指导培育的“赣南脐橙”远销31个国家和地区，也因此被果农称作“农民的财神”。

“有时人生经历逆境并不是坏事。”这位从艰辛岁月中走来的院士常常现身说法，鼓励青年一代思索顺境与逆境演绎的人生哲理。

他借助农学知识来教育青少年：顺境出产量，逆境促品质。

“比如种粮食、种水果、种药材，”他解释，“顺境条件下产量很高，但是品质不一定能够保证。而品质好的作物，一定是逆境中长出来的，中药材更是。”

他举例说，闻名全国的东北“响水大米”，是生长在经过数千年风化的火山岩石顶部的土层中；经过极端寒冷和干旱逆境气候的药材更加地道，如长阳的黄连、东北的人参、云南的三七等，无不是此道理。

“植物如此，人也是如此。”邓秀新感激那段艰苦的岁月，磨炼了自己的性格，成就了今天的自己。

“今天的时代如何正确面对顺逆境？”一次讲座时，有学生现场提问。

邓秀新回答说，尽管今天的时代和自己当年大不相同，但顺与逆是相对的，逆境会帮助思考，帮助反思，人生不可能都是顺境，逆境中要多想想自己的原因，不要怪命运不好，“命运要掌握在自己手中”。

（王雅兰、刘振兴、雷宇，华中农业大学邓秀新院士办公室）

个人简介

邓秀新，湖南宜章人，1961年11月生，园艺学教授，中国工程院院士。曾任华中农业大学校长，现任中国工程院副院长，中国科学技术协会副主席。

1981年毕业于湖南农学院园艺系果树学专业，获学士学位。1982—1987年就读于华中农学院（现华中农业大学）园艺系果树学专业，先后获得硕士、博士学位。

2004年，他作为第一完成人的“一种生产瘪籽柚果实的方法”获得国家知识产权局授权专利；2012年，他作为第一完成人的“一种提纯柑橘果肉有色体的方法”获得国家知识产权局授权专利。

他建立起细胞融合、培养及再生技术体系；将柑橘细胞工程技术及由此产生的材料直接应用于育种实践；利用分子标记技术对中国主要的柑橘种类和品种进行评价，建立起251份资源的RAPD指纹图谱、29份种类的AFLP和SSR指纹图谱，为中国柑橘资源保存、引进和育种提供了参考，受到国际种质资源研究所（IPGRI）高度重视；利用国际合作和国家“948”项目的支持，经过10年试验，筛选出适合中国长江流域栽培的“红肉脐橙”“HB柚”等品种，并建立无病毒良种繁育基地。

一问一答

问：您对中学时期最深刻的印象是什么？

邓：艰苦，也幸福。那时只有星期六放假，星期天中午我们就要背着行李、干粮、咸菜，翻两座山，走八里半到九里的山路回到学校。当时睡的是大通铺，从家里带个席子，再从学校买点稻草铺在上面，就是很舒服的床铺了。我还记得负责教我们低年级的两个老师，又当教师又当保姆。那个时候柴火稀缺，他们为了给我们烧柴取暖，到处寻觅树枝树叶，甚至连树根都挖过，一人一根从山里扛回来。很艰苦，但是又很温馨。

问：这些经历对您后来的科研生涯有何影响？

邓：我生于农村，长于农村，生活很艰苦，正是因为这样，让我早早就学会了吃苦耐劳。不管是以前的学习还是现在的从事农业科研，吃苦耐劳的精神对于我来说都是常挂于心的。在农村生活时，我们的视野很狭隘，不懂外面的世界究竟已经发展成了什么样。当我意识到在这种封闭状态下无法进步时，我就想方设法去接触外面的社会。现在回想起来，做科研其实也是同样的道理，只有多出去交流，取其精华，去其糟粕，才能让自己变得强大。

问：现在我们的中小学都会设立“精英班”“特尖班”，您怎么看这一现象？

邓：这么做是为了培优。为什么培优？因为独木桥很窄。如果中国多一点好大学，升学的压力就没有那么大，那还用去上培优班吗？没有了培优班，中学生就会花更多的时间去做实践。

我们中国今天好像有个“面子”概念。第一，非要读大学；第二，非要读名校，才是光宗耀祖。一个小孩子，只要他身心健康、有基本的逻辑思维和生活常识，我觉得他读不读大学就看个人的兴趣。现在的中国，真的不需要那么多人去读研究型大学，研究领域要不了那么多人，相反，现在社会上最缺的是技术型人才。

延伸阅读

一生只为柑橘狂

◎邓秀新院士

▲ 邓秀新院士的插画（绘：穆绍潭）

日前，在北京举行的全国农业工作会议上，邓秀新等十人获得第四届“中华农业英才奖”。

每年元旦时，南方化渣爽口的椪柑行销全国。春节前后，轮到砂糖橘、春甜橘和秭归晚熟脐橙发力。5月初，伴随着“花果同树”的夏橙进入采收季。7月20日，云南玉溪的橘子准时上市，大约半个月后，鲜嫩多汁的琯溪蜜柚成熟。蜜柚尚未下市，江西寻乌和广西的蜜橘开始抢滩九月份的水果市场。国庆期间，湖北的蜜橘紧随其后。到了11月，体型硕大、风味浓烈的赣州脐橙，皮薄浓甜、个体娇小的南丰蜜橘成为热销的主角。

国产鲜食柑橘全年不断档，在进入新世纪之前，并无可能。十几年来，邓秀新带领团队，正在让不可能变为可能。从实验室的品种培育到果园里的选种，到产后处理，再到市场营销，邓秀新团队的研究覆盖了整个产业链条，支撑了整个柑橘产业体系。今天，柑橘年产量超过2900万吨，居世界第一位。出口量从十多年前的20余万吨到目前的约百万吨，赣南脐橙等国内名品远销国际市场。

把成果写在基因上

对中国柑橘产业，邓秀新思路清晰：生产中发现的材料和问题使他们的基础研究针对性更强，目标更加明确；而基础研究的结果促进了生产问题的解决。

最新的故事是他的团队一项解密甜橙基因的成果。2012年11月26日，由邓秀新和国家“千人计划”学者阮一骏共同带领团队完成的甜橙基因组图谱研究成果，在《自然—遗传学》杂志在线发表。它如同打开了甜橙生命活动的“黑匣子”，破解了甜橙基因

“密码”，得到了基因组合的排列顺序和相关特征。今后研究中，团队可以有意识地锁定甜橙成熟期、色泽、含糖量、产量、抗病性等农艺性状，该研究为未来发展提供了良好的基础，有利于培养出更好、更健康的品种来。

甜橙基因图谱是中国自主完成的首个果树作物基因组序列图谱，也是世界上第一例芸香科植物基因组图谱。

据了解，国际柑橘基因组计划2003年启动以来，直到2011年1月，才释放了克里曼丁橘和甜橙的基因组草图，克里曼丁橘主要栽培在地中海地区，只占世界柑橘产量的不到10%。一直以来，各国科学家期望获得高质量的甜橙基因组图谱。2011年，邓秀新和阮一骏的团队开始绘制甜橙基因图谱。不到两年，即得到覆盖率近90%的高质量图谱。媒体评价说，甜橙基因测序代表了“中国速度”。该研究使得中国成为继以色列和日本之后的世界上第三个获得柑橘原生质体再生植株的国家。

把成果写在品种上

邓秀新给团队立下了个不成文的规矩：45岁以下的老师偏重基础研究，多在实验室做研究；45岁以上的，多跑跑产区，利用积累的知识、技能和经验为果农服务，同时发现问题，提供给实验室研究。

2006年，“柑橘优异种质资源发掘、创新与新品种选育和推广”的研究获得国家科技进步二等奖。邓秀新率领团队，在种质发掘评价与离体保存，主要种类、品种DNA指纹库的建立，离体种质库的建立与离体保存中的遗传变异等领域的研究上均有突破。近年来，团队在分子生物学领域的研究由DNA水平延伸到代谢组学和蛋白质组学水平。特别是坚持20余年的资源创新、发掘研究，培育了多个品种。团队通过细胞工程培育的“华柚二号”无籽柚，是植物细胞融合直接应用于生产实践的第一个品种。这些品种已经或即将应用于产业。

近10年来，柑橘团队在国际上发表柑橘研究论文占中国科学家的四分之一。邓秀新的论文发表排名居首，多年来一直是国际柑橘科学研究最为活跃的成员。

2008年10月下旬，第11届国际柑橘学大会在武汉召开，邓秀新任大会主席。会上，邓秀新荣获“国际柑橘学会荣誉会员”称号。

2012年11月，在西班牙召开的国际柑橘学会第12届学术大会上，邓秀新被授予国际柑橘学会会士称号（ISC Fellow），以表彰他在柑橘种质资源与遗传改良研究、对中国柑橘产业的发展以及为促进国际柑橘学术交流等方面做出的杰出贡献。国际柑橘学会会士，是国际柑橘界的最高学术荣誉。邓秀新是国际柑橘学会成立40余年来，获此殊荣的最年轻的和唯一来自中国的科学家。

把成果写在大地上

要完整了解邓秀新20多年的工作，必须到柑橘产区去看一看。

2012年11月28日，邓秀新又一次来到了赣州，调查黄龙病发生情况。此时，距离1991年邓秀新第一次来到赣南，已经过去了20多年，他前后35次踏上赣州这片红色的土地。

赣南的脐橙有“三驾马车”，分别是政府、企业和科技。科技的这辆马车，驾驶人就是柑橘团队。从引种培育到规划发展，到规模发展，再到今天的产业化大发展，赣州的柑橘产业的每一次升级，都凝聚了他和同事们的智慧。

在赣州，劳动力快速向城市转移，带来劳动力成本快速上升，给赣南脐橙产业的可持续发展带来了考验。2003年15元钱在赣州就能请到一个帮工，2011年价位就变成了200元。针对这一变化，必须思考在整个生产过程中怎样降低劳动力成本的问题。在脐橙的种植过程中，邓秀新带领现代农业（柑橘）产业体系的专家，推广肥水一体化、省力化和机械化等技术，以缓解劳动力成本带来的压力。

脐橙经济效益好，一些县近年来不断上规模，甚至要把耕地拿出来种脐橙。邓秀新对当地领导说：柑橘不能与粮食争地，而且，赣南的柑橘产业已经过了扩大规模生产的阶段，现在要在提高品质、产后处理和品牌培育上下功夫。

2011年，赣州脐橙种植面积已达到181万亩，产量超过了150万吨。在北京、上海等地，赣南脐橙成为抢手货，成为远销港澳、东南亚等国际市场的主力品种。全市23万种植户68万果农受益，果农人均收入5000元，当地农民因为种橘子成为百万富翁的不在少数。在科学家智慧的支持下，赣南脐橙产业已经不再是一个单纯的种植业。它已经发展成为一个集生产、仓储、保鲜、加工于一体的产业集群，构建了以果品分级包装为主的大产业，成为赣州最有特色、最有优势和最具潜力、最具竞争力的现代农业主导产业。

2011年，赣南脐橙丰收，但邓秀新很清醒。他察觉到赣南脐橙表面斑痕和外观质量问题突出，缺素黄化症严重，影响了销售从而挫伤了橘农的积极性。邓秀新立即组织同行，攻关解决赣南脐橙外观质量的问题。2012年11月，赣南脐橙如期上市，表面斑痕已经得到了很好的控制。

赣南不过是邓秀新与各个柑橘主产区故事的缩影。近年来，邓秀新主导完成了国家柑橘产带整体规划，参与了多个优势柑橘产区的建设，足迹遍布长江中上游柑橘带、浙闽粤柑橘带、赣南湘南桂北柑橘带和鄂西湘西柑橘带；岭南晚熟宽皮橘、南丰蜜橘、云南特早熟柑橘、丹江口库区柑橘及四川、云南柠檬基地等主要柑橘优势产区。

熟悉邓秀新的人更多的时候把他看作一个战略科学家，他为全国柑橘产业结构调整提出的指导意见因其战略眼光、针对性和可操作性，而备受当地政府部门和柑橘科技工作者的高度赞赏。邓秀新谦虚地说："我是个农业科技工作人员，除了专业知识外，只是多学一点社会学、经济学等知识，希望所提出的意见具有可行性和先导性，老百姓才能从中得到好处。"

学生：他是老师，更是朋友

甜橙基因组计划项目具体主持人徐强博士是个"80后"的大男孩，硕士博士阶段均师从邓秀新。回忆往事，徐强的感谢发自内心。

"我们当时硕博连读的名额特别少。在两个班中，邓老师只选择一个人。"徐强说，邓秀新是老师，也是朋友，除了一起在实验室做研究的时光，那些跟导师一起吃饭、参加会议的情景徐强到现在还记得很清楚。

邓秀新总是教育学生，以兴趣为导向，才有可能在科研的道路上走得更远。他对徐强说，要找到砸中自己的"苹果"。邓秀新以自己为例，说自己刚读研究生时，根本没感觉，不知道到哪里去找像砸中牛顿那样的"苹果"。恩师章文才帮助他完成了这一过程。徐强说，刚开始进入实验室时，邓秀新经常到实验室现场点拨和鼓励，帮助他树立起做科研的自信，看徐强步入正轨，他

摄于新疆喀纳斯湖

又渐渐地“放手”。

在甜橙测序的过程中，徐强尤其感谢邓秀新的“放手”，容许他不断“试错”。“千人计划”阮一骏教授初次见到年仅30岁的徐强时，甚至一度表现出了怀疑：“这个小伙子行吗？胡子都没长全呢。”在邓秀新和阮一骏的指导下，徐强用自己的勇气和努力，出色地完成了全球最完整的甜橙基因图谱。

宜昌橘农:“绝活”帮我们增收

邓秀新在宜昌等产区橘农心目中的地位，和财神爷一样。秭归郭家坝镇烟灯堡村的老崔特别感谢邓教授带过来的“绝活”。

老崔口里的“绝活”，是邓秀新在长期实践中，向农民学习最终总结推广的几项技术，包括一树脐橙红到春、树底下铺膜增糖和容器育苗等。“绝活”将果园的技术管理标准等技术简单化和傻瓜化，让果农能够一听就懂，执行起来不走样，又能切实帮助果农增收，因而颇受欢迎。

第一个“绝活”，留树保鲜技术，原本应在12月前采完的脐橙，却在数九寒冬仍挂在树上，直到第二年3月，仍可带叶摘果尝鲜。第二个“绝活”，树底下铺膜，可使更多的阳光照射到树上，增大树体上部周围的昼夜温差，减少秋雨渗入土壤，使果实颜色更红，糖度升高，吃起来更加甘甜。第三个“绝活”，把柑橘苗种在装有营养土的塑料袋中，成活后带土栽到山上。这种容器苗，栽下去就活，还可提前结果。

（资料来源：《科技日报》，2013年1月30日“前沿人物”，作者：刘志伟，范进群）

在他看来，中学阶段最重要的一件事，就是父母和老师引导孩子尽快找到一条适合自己的道路。

朱玉贤喜欢拿孔夫子、王阳明、鲁迅举例，“真正的大师都是择一事，终一生。只有早日找到自己所爱，才能实现人生理想”。

——朱玉贤

从退伍军人到中科院院士

偏科孩子也能成就精彩人生

◎朱玉贤院士

半个世纪后回首自己高考数学不及格的往事，朱玉贤毫不避讳：“当年我的确花了大量时间和精力去钻研数学，但最后的成绩还是不理想。”

在这位而今的中国科学院院士、著名植物生理学家看来，偏科的学生往往有成为“大家”的潜力，因为他们总会对自己所偏之科有所爱；而在任何一个领域，“没有热爱，你就永远无法成功”。

出生在浙江富阳的小山沟里，凭借着努力与执念的加持，这位务过农、当过兵的山里娃，成为当地的第一个大学生。

▲ 战士朱玉贤

留学归来后，经过十多年的艰苦实验，朱玉贤成功将我国棉花纤维长度提升了0.3厘米。短短的0.3厘米，不仅让国内高端棉纺织产业迈出了摆脱进口的第一步，也让中国的棉花研究达到了世界领先水平。

面对如今的青少年一代，朱玉贤殷殷寄语：“只有尽早地找到一条适合自己的道路，并不断向前，才有可能出类拔萃、取得成功。”

书籍滋养了苦难的童年

追忆自己的儿时岁月，朱玉贤选择用“苦难”二字形容。

1955年朱玉贤出生时，抗美援朝刚刚结束，新中国百废待兴。即使位于“鱼米之乡”的江南农家，一日三餐也很少有白米干饭。

记忆中，朱玉贤常常掰着手指头算还有多少天过年，因为只有春节时家里才能打点年糕。即使是一年只有一次的“佳肴”，母亲为了省下宝贵的糯米，总要添加许多玉米粉，吃起来很粗糙。“但没办法，不吃会饿死的”。

母亲要保证养家糊口的父亲能吃饱，下地干活挣工分，只有父亲回家了饭桌上才会出现米饭。孩子们则和爷爷一道被无奈地放在第二位，因此，朱玉贤天天盼着父亲早点回家。最艰苦的是母亲自己，朱玉贤直到现在都还难以想象，“她究竟是怎么熬过那些岁月的”。

一场大病甚至让小玉贤在鬼门关走了一遭。

那年，他患上了急性脑膜炎，在床上疼得翻来覆去，家里却拿不出治疗的钱，一家人很是心焦。恰逢生猪收购日，一位欠朱家三十块钱的邻居，得知后卖掉猪送来“救命钱”，母亲背起朱玉贤直奔乡里的卫生院。从县城送来的药物喂到朱玉贤嘴边时，他已经高烧昏迷了一天一夜。

朱玉贤至今回忆起来，仍觉得十分庆幸：“如果没有这么多巧合，真不知道会发生什么。”

穷人的孩子早当家，五个孩子里，朱玉贤排行老大，自然而然挑起了持家的重担。

在那个化肥稀缺的年代，家家户户会将猪草倒进猪圈中堆积起来，经过长时间发酵就会变成猪栏肥。猪栏肥越多，庄稼地的质量就越好，一年的收成才有保障。

每天放学回家，朱玉贤放下书包来不及歇息，就又背上编织篓上山，搜集猪草堆放在猪圈中，常常要干到天黑才能回家。

生活的苦难并未掩盖这个少年的天分。尽管课后时间基本用在了农活上，朱玉贤的学习成绩依然名列前茅。多年后回忆起学习历程，他笑称，“可能真有一些学习天赋”。

小学的第一次期末考试，鸦雀无声的考场里，拿到试卷的朱玉贤轻轻笑了一声，引来了监考老师的注意。看着眼前这个矮小不起眼的孩子，老师打趣道：“是题目太简单了吗？看来朱玉贤要考一百分呀。”

朱玉贤没有回应，只是埋头默默完成了考试。成绩公布后，朱玉贤考了99分。唯一的错误，是用错了一个标点符号。

学业之外，最大的爱好便是读书。

那时，由于缺少师资，村里采用的是复式班教学（记者注：复式班教学是新中国成立初期，受历史条件、生产方式、人口分布等限制，在农村地区普遍存在的一种教学组织形式，不同年级在同一间教室里上课，教师交替教学）。一名姓郑的女老师担起了村里四个年级所有班的教学工作，教室则由一间茅草屋临时改造而成。

每个班级一节课只有15分钟，同学们的空余时间很多，郑老师便将自己能从乡中心学校里淘到的书全部借来给孩子们看。一个年级不上课的时候，就安排学生自主阅读。

正是这些书，给朱玉贤带来了一生的财富。“朱玉贤这个孩子嗜书如命。”郑老师常常这样评价。

“所谓读万卷书，行万里路，我已经不记得郑老师教了什么，但是我爱看书的习惯，是从那时开始的。”从《三国演义》《家·春·秋》

▲ 书房里的留影

《林海雪原》到《红与黑》《茶花女》，“她借什么书回来，我就看什么书”。在那个识字甚少的年纪，朱玉贤就已经遨游在国内外各类名著的海洋中，并立志成为像《林海雪原》主人公少剑波那样的英雄人物。多年之后，朱玉贤参军报国的理想，便是从这时萌芽。

在村里读过两年初中后，1971年底，县城高中富阳中学的招生消息传来，母亲带着朱玉贤到现场报名。由于长期营养不良，那时朱玉贤只有1.5米不到的个头，头顶大斗笠，显得身材越发瘦小。报名处的老师还打趣道：“斗笠下面有没有人呢。”

从乡下来到县城，跟城里的孩子比起来，朱玉贤一度有些自卑。好在当时没有辅导班，学习完全靠自觉。因为朱玉贤把课本吃得很透，考试依然名列前茅。

学校要开运动会了，有同学笑话这个乡里孩子“除了考试什么都不会”，他一赌气报了班上没人敢参加的长跑。虽然从来没有经过正规的训练，但朱玉贤长期在山里奔波，练就了一副好腿脚，一下拿了个全校第一名。从此再也没有同学嘲笑他了，而他也养成了坚持长跑的习惯。

直到40余年后的武汉大学环山跑，99%的学生都跑不过这个年过六旬的长者，“我现在依然是生科院跑步的第一名”。

不是没有遗憾。

花季少年，正是情窦初开的时候。他也曾对县城的女同学有好感，但这个山里孩子更多感觉到的是难以弥补的差距，郁结于胸却从不敢有所表达，唯一能做的就是“更加努力、更加发奋”。

“文化大革命”期间，初中、高中都实行两年制，朱玉贤的学习生涯被迫按下暂停键。

挑着自己的全部行囊，走在返乡的小路上，汗水浸湿了朱玉贤的衣服，一颗一颗滑落脸庞，掉在泥泞的地上。“大概有五个小时的路程，其间要坐两次轮渡”。

比起路程的艰辛，更让朱玉贤痛苦的是，他好像看不见前进的方向，只是感觉此生与学校再无缘了。那种没书读的感觉，就像掉进了一个“找不到攀爬点的深渊”。

这是一段终生难忘的路程，朱玉贤暗自下定决心，只要有半点上学的希望，就会拼命地把它握住。

紧紧握住知识的藤蔓

回到乡下的朱玉贤加入了挣工分的队伍中，日出而作，日落而归。

一同劳作的队伍中有一名曾经的“富农”，在生产队受到了众人的歧视和打压，生病时依然让他去田间劳作，还不许他在劳作时上厕所。

▲ 在实验研究中

作为村支书之子，朱玉贤常常出面为这位富农抱不平。

“因为我是支书的儿子，如果我能带头公平对待他，那么他受到的歧视就会少很多。”有朱玉贤“撑腰”，这位富农过上了那时难得的正常生活。

返乡前，朱玉贤特地向关系要好的语文老师陆增裕要来了一整套高中教材，劳作之余的全部精力都留给了这些课本。

“不要说我们一无所有，我们要做天下的主人……”当时钟指向晚上八点半，放完国际歌，村落里四下漆黑万籁俱寂，只有朱玉贤窗口的灯光一直亮到十点半，他如饥似渴地钻研着几乎翻烂的旧课本。

在那个知识不被重视的年代，年少的朱玉贤自己也没搞清楚为什么要坚持学习，“内心里总有一种声音告诉我，只有知识才能改变命运，要一直不停地学下去，总有一天是要回到校园的”。

1974年12月，朱玉贤应征入伍，加入舟山枸杞岛陆军守岛部队，成为一名光荣的解放军战士。

舟山位于我国东海前哨，当时的环境十分恶劣。台风席卷过后，整个岛上寸草不留，内陆的粮食补给也不能及时送到，战士们有时很长时间都吃不上新鲜蔬菜。

最艰苦的日子里，没有蔬菜的补给。岛上只要是绿色的植物，都会被战士们拔起来吃光，“长期缺乏维生素，战士们的嘴里全都是泡，都烂了”。

后来朱玉贤退役回家，母亲帮他整理衣物，发现他所有的帽子和衣服上都是霉点。“岛上经常刮风下雨，衣服根本没办法晾干。”

凭借着自己的努力，不到两年朱玉贤就当上了班长。即使白天的训练再艰苦，朱玉贤晚上看书做题的习惯始终没有改变。他坚持学习，从未懈怠。

这段当兵守岛的经历，磨炼了他的毅力和体魄，也为之后的求学和科研生涯打下了重要基础。“虽然部队的经历让我比同龄人晚四年上大学，但是这四年的经历对身体和精神的锤炼，令我受益终生。”

1977年，因为“文化大革命”而中断了十年的高考终于得以恢复，这个消息也重新点燃了朱玉贤心中求学的火焰。

1978年，在部队选送深造和返乡参加高考之间，朱玉贤毅然决然地选择了后者。当年4月他正式退伍，回到家乡备战高考。

当时正好赶上了农忙季节，朱玉贤只能先加入割麦子、收油菜、种水稻的队伍中。直到离高考还有不到一个月时，他才得以抽出身来，全心备战高考。

有一天，母亲下地前特意嘱咐朱玉贤，家里的油菜晒在外面，下雨一定要记得收。

朱玉贤满口答应后，回到房间开始学习。窗外不知何时开始狂风暴雨，他却沉浸在未解出的代数几何题中无法自拔。母亲嘱托的“收油菜”早已抛在九霄云外。

等母亲回到家，一百多斤油菜籽都打了水漂。没有油菜籽就没有油票，那一年朱家吃的油，只能靠街坊四邻从自己口中挤一点来接济，这件事让母亲念叨了一辈子。

因为这段故事，朱玉贤一度被乡亲们唤作“书呆子”。但在他看来，他心中的“书呆子”和当下的“小镇做题家”不同——“书呆子”是沉迷在自己喜欢的事业里，并不断为之努力；而“小镇做题家”往往一味为了分数变成“做题机器”，缺少批判性思维和创新能力。直到如今，在研究生入学面试时，朱玉贤仍特别注意对考生综合素质的考察，“因为科学是对未知的追求，未知不可能是一道题目”。

搏二兔，不得一兔

与青少年一代分享人生时，朱玉贤常常喜欢引用日本棋圣吴清源先生曾对陷入事业低谷的棋手聂卫平说过的话：“搏二兔，不得一兔。”

在他看来，奋力追求人生理想的征途中，需要心无旁骛、锲而不舍的精神。而他自己的一生，也为此写下注脚。

1982年7月，从浙江农业大学（现浙江大学）毕业的朱玉贤，由于成绩优秀且具有体育特长得以留校任教，成为一名令他本人倍感自豪的大学老师。这让他不禁有些沾沾自喜：“一个乡下长大的农村孩子，突然发现自己能留在杭州城里当大学老师，有点飘飘然。”

没过多久，朱玉贤回老家看望父母，父亲问他：“儿子啊，你

▲ 接受采访时合影留念

现在大学毕业留校当老师了，什么时候当教授啊？”

“从本科毕业到当上教授，万里长征都还没迈出第一步呢！”朱玉贤心里一惊。

这件事给他敲了一记警钟，朱玉贤意识到自己还得继续努力拼搏，实现更远大的理想。

当时，恰逢农大得到世界银行贷款的资助，时任校长朱祖祥先生对青年教师给予了极大的支持。他提出“中年教师压担子，青年教师给出路”，为青年教师减轻工作量，并创造各种条件培训外语，提供出国留学的机会。年轻的朱玉贤也得以踏上了赴美国康奈尔大学深造的旅途。“当年朱校长的远见卓识，改写了我的命运。”

1991 年，在美国完成学业的朱玉贤坚定地选择了回国，“作为一个中国人，我的一生就是要奉献给祖国”。

回国后，朱玉贤进入北京大学生命科学学院工作。他在美国从事豌豆的生理研究，回国后又做了多种植物的研究，试图寻找一个可以研究一辈子的物种。

1996年，国家启动“优质棉工程”。朱玉贤花了整整两周时间在图书馆查阅资料，撰写项目申报书，终于申请到了“国家转基因植物重大专项”。

1998年，我国已经成为世界第一大产棉国，无论是棉花单产还是总产量都比较高，但原棉品质偏差，纤维平均长度偏短。

棉纤维短了一截后，纺纱的接头多，容易起疙瘩，穿在身上不舒适。纺织高支纱棉布时，要掺入30%左右的进口优质原棉。“中国原棉平均长度3厘米，美国原棉3.3厘米，这0.3厘米的差距就导致了我们需要进口1/4的原棉。”

着眼国家发展，呼应国家需求，朱玉贤毅然选择棉花作为自己毕生研究的物种。

为了实现这0.3厘米的突破，朱玉贤带领团队反复实验了13年。每天进实验室第一句话就是“有没有新数据”。

无数次失败让许多团队成员一度陷入绝望之中，朱玉贤鼓励他们：“这个时候想的不应该是退缩，而是怎么攻克，就像在部队里面只有前进，没有后退。”

功夫不负有心人。2006年，他和团队首次发现植物激素乙烯生物合成途径在棉花纤维细胞伸长过程中的主导作用，让中国的棉花纤维进一步伸长了0.3厘米，从此摆脱对进口棉的依赖。

相关论文发表在SCI植物类顶级期刊《植物细胞》(Plant Cell)上，成为植物生理学领域的经典文献，十几年间被引用了超过500次，在世界上产生了重要而深远的影响力。

2011年12月，这个昔日的退伍老兵成为中国科学院院士。2013年，他又当选发展中国家科学院院士。

“部队培养了我对待事物的‘金刚钻’精神，让我能够坚定目标，锲而不舍地执着追求。”回望自己走过的道路，朱玉贤如是总结。

中学最重要的是找到自己的人生方向

先后在北京大学、武汉大学任教，朱玉贤带出了二三十个博士、几十个硕士。在他看来，真正的好老师应该帮助学生找到适合自己的方向。

对于刚刚进入实验室的博士生，朱玉贤会对他们进行“放养”：在指导学生确定选题方向后，便会让他们跟着师哥师姐做项目，一段时间后如果发现学生对选题兴趣不大，朱玉贤便会帮助他们更换方向。

“两三次下来，便能让学生明白自己是否真的适合做科研。”如果不适合，朱院士会劝说学生早日毕业参加工作，“并不是人人都能在科研之路上走下去，只有找到适合自己的道路才能取得成功。”

永远把学生放在第一位，努力成为学生的“伯乐”，是朱玉贤的从教信条。“我可能不是最好的博士生导师，但希望自己能够成为称职的博士生导师。”

独特的培养方式与朱玉贤自身的经历密切相关。

作为一个典型的“偏科孩子”，高考时，朱玉贤化学考了99分（满分100分），语文也考了全县第二名，但数学却在全县“垫了底”。

当年，朱玉贤在自己拿手的学科里似乎不需要投入太多时间，也能轻松考高分，而数学也曾花了大量时间和精力去钻研，但最后的成绩依然不理想。

阅历经年，朱玉贤感慨：越是“偏科”的人越需要一个对自己有清晰认知的“伯乐”，但问题往往就在于，大多数人很难找到自己的“伯乐”。

小学一位同窗的人生轨迹，让朱玉贤感触颇深。那时体育课的器材很有限，老师能提供的只有一个旧篮球。在大家一股脑抢篮球时，这位同学就在一旁默默用砍柴刀自制木陀螺，同学们看到都争着来玩。

多年之后，这位巧手的小朋友成为一家木材加工厂的老板。可是，因为缺乏经营头脑，这家工厂最后也没能做出规模。朱玉贤得知后感叹：“如果他遇到一个伯乐，给他提供经营方面的建议，说不定就别有一番天地，可惜他没能遇到这样的机会。”

这些年，朱玉贤在高校中观察到一个现象：很多中学时期的学霸进入大学后就“放飞自我”，沉迷于玩乐之中，荒废了学业。等到自己快毕业时幡然醒悟，却因为没有明确的目标，被迫随大溜卷入“考研大军”，迈上可能并不适合他们人生发展的道路。

“现有的高考制度存在一定弊端，大家都认为高考一过就能一劳永逸，但是实际上高考才是人生的第一步。”在朱玉贤看来，这些“陨落”的学霸多是在中学时期只顾埋头苦学，唯分数论。家长和老师也没有引导孩子找到自己的兴趣所在，导致学生并不知道自己真正想要什么，内驱力不足。

在他看来，中学阶段最重要的一件事，就是父母和老师引导孩子尽快找到一条适合自己的道路。

朱玉贤喜欢拿孔夫子、王阳明、鲁迅举例，“真正的大师都是择一事，终一生。只有早日找到自己所爱，才能实现人生理想”。

（朱可芯、麻闵娜、雷宇，武汉大学朱玉贤院士办公室）

个人简介

朱玉贤，1955 年生于浙江省杭州市。1982 年从浙江农业大学（现浙江大学）毕业；1989 年获得美国康奈尔大学博士学位，之后前往华盛顿大学生物系从事博士后研究工作；1991 年回国后进入北京大学生命科学学院工作；1994 年担任北京大学生命科学学院教授；1997 年获得国家杰出青年科学基金资助；2002 年至 2017 年担任蛋白质与植物基因研究国家重点实验室主任；2003 年成为国家自然科学基金委“创新团队”学术带头人；2011年当选中国科学院院士；2013年当选发展中国家科学院院士；2014年受聘为武汉大学高等研究院院长。主要从事棉纤维发育分子机制和拟南芥干细胞调控茎端根端发育研究和生物学教学。

一问一答

问：现在网上有个热词叫“小镇做题家”，指的是“出身小城镇，埋头苦读，擅长应试，但缺乏一定视野和资源的青年学子”。您对“小镇做题家”有何看法？

答：科学不是做题，科学是对未知的追求。现有的高考制度存在很大的弊端，大家学习的目的都很功利，并且认为高考一过就能一劳永逸，但是实际上高考才是人生的第一步。我们的教育本身不是培养人才的，也不是培养木匠的，而是培养一个国家的合法公民与国家的建设者。

问：您认为在中学阶段最应该培养什么品质？

答：希望同学们，尽快找到适合自己的一条道路。自己要早日找到，父母也要大力支持。

延伸阅读

三毫米中的大学问

◎朱玉贤院士

▲ 朱玉贤院士的插画来源：高骏然AI制作

“实验有没有结果?”连续两个多月了，朱玉贤每天到实验室的第一件事就是询问实验进展，但得到的却总是令人失望的答案。为了找出乙烯调控细胞伸长的分子机制，朱玉贤的两个学生已经做了两个多月的实验，朱玉贤也在实验室“暴跳如雷”了两个多月。正在一筹莫展的时候，朱玉贤灵光一闪：既然用乙烯处理棉花胚珠，超长链脂肪酸合成酶基因表达不受任何影响，那为何不倒过来做实验，用超长链脂肪酸处理棉花胚珠，看看乙烯合成酶基因表达是否受超长链脂肪酸调控?循着这一思路，朱玉贤的团队不懈研究，终于相继取得了超长链脂肪酸调控乙烯合成，乙烯通过调节果胶多糖生物合成来控制纤维伸长等重大发现。

通过这些发现，朱玉贤的团队成功让中国的棉花纤维长高了0.3厘米。小小的0.3厘米，却可能让中国棉纺织产业在高端棉花的需求上摆脱对美国的依赖，使我国的棉花研究达到世界领先水平。朱玉贤也因此于2011年成功当选为中国科学院院士，不久前又荣获2012年度何梁何利基金科学与技术进步奖。

结缘棉花：天时地利人和

朱玉贤，现任北京大学生命科学学院教授、博士生导师，蛋白质与植物基因研究国家重点实验室主任。他1982年从浙江农业大学本科毕业，留校当了三年助教，然后得到世界银行的第二期贷款，去美国康奈尔大学植物科学系念博士，毕业后在华盛顿大学生物系做了一年半的博士后。

1991年回国后，朱玉贤选择来北京大学生命科学学院任教，从事植物基因克隆和表达研究，并拥有了自己的实验室。1998年国务院提出建设优质棉工程，朱玉贤觉得这个领域很有意义，但由于此前从未对小小的棉花做过深入思考，相关的基础知识储备不足，因此着手准备申请课题时，朱玉贤颇有些为难。这时，一位专门从事棉花育种的老同事要求加入他的课题，结合二人各自在棉花特性和生物学基础研究方面的优势，棉花功能基因组项目得以正式启动。

我国是世界第一产棉大国，年产量约在500万吨，但是每年仍然需要从美洲进口超过100万吨的原棉，主要原因是我国棉花的品质偏差。我国生产的棉花纤维平均长度不足3厘米，而美国产的棉花平均长度为3.3厘米。这0.3厘米的微小差距，实际上带来很大的影响。纺织品中必须有1/3以上的棉花纤维长度大于3厘米，否则纤维之间的接头太多，生产出来的棉布会很毛糙，不能纺成高支纱的棉布。我国为此每年需大量进口北美原棉，既消耗大量外汇，又造成国产原棉积压，影响了棉花产业的可持续发展。因此，研究棉纤维的伸长机制具有十分重要的意义。

十三年，让棉纤维长高三毫米

“科研的道路上，一步一个陷阱，”谈起这十几年的棉花研究，朱玉贤表示，“绝非一帆风顺”。

如何在实验室种好棉花，是朱玉贤遇到的第一个难题。如何把握最佳的光照强度、光周期、温度和湿度，以保证每个季度生长的棉花植株大小、开花数量和纤维的生长势都相同，是他们最早碰到的难题。经过相当长一段时间的探索，他们终于找到了在实验室栽种棉花的最佳方法。2008年，国家主席胡锦涛视察北京大学，并参观了生命科学学院，在听取了朱玉贤教授关于棉花功能基因组学研究进展的汇报后，胡锦涛总书记赞许道：“这棉花种得真好！”

棉花种好了，但如何分析棉纤维基因的烦恼又接踵而来。朱玉贤原本心想，棉花就那么几根纤维，调控的基因至多不过几个或十几个，只要将野生型陆地棉和它的无纤维突变体进行比较，就能够找到控制棉纤维伸长的关键基因。然而，实际研究结论让他大为吃惊：比较芯片中的12000多个棉花基因，居然5000多个基因表达有明显的不同，研究因此一度陷入困境。“这个坎足足绊了我们三五年！”朱玉贤对那段艰苦攻关的岁月记忆犹新。关键时刻，朱玉贤深厚的生物化学背景帮了他的忙：何不放弃研究单个基因表达，而转向研究高表达的生化途径呢？同时，生物信息软件KOBAS的出现为研究分析提供了适宜的途径。2005年，朱玉贤及其团队通过生物信息软件来系统性地检测纤维发育期间特异性高表达的代谢途径，最终发现，乙烯是其中最显著的生化途径。

“乙烯是一种植物激素，棉花本身就含有这种激素，通过基因工程提高乙烯的释放量，能够促进棉纤维的细胞伸长。”研究结论的出炉让人喜出望外，然而随之又带来第三个难题：乙烯是如何调控纤维伸长的？最初朱玉贤的团队推论认为：乙烯通过调控细胞膜的合成，从而促进细胞伸长，用不同浓度的乙烯去处理不同时间的棉花胚珠，就可以找出乙烯调控细胞膜合成相关基因。但两个学生围绕这个实验做了两三个月，却始终毫无进展。这次解围的是朱玉贤的逆向思考能力：既然用乙烯处理棉花胚珠没有导致超长链脂肪酸的合成增加，那么，用超长链脂肪酸处理棉花胚珠会不会促进乙烯的生物合成呢？沿着这条路坚持不懈地前行，他的团队终于相继得出了超长链脂肪酸调控乙烯合成，乙烯通过调节果胶多糖生物合成来控制纤维伸长等重大发现。

“科学没有公式，需要导师有远见卓识。”谈及未来的实验研究方向，朱玉贤计划进一步探究纤维伸长和纤维数量的根本规律。把实验得到的转基因品种与生产上大面积推广的长纤维品种进行杂交，期望能够进一步提高棉纤维的长度，为整个棉花产业做出贡献。

转折点，人生步步是机缘

在朱玉贤的生活纪要本上，有三个他难以忘怀的时间点：1973年、1991年、1994年。

1973年，刚从高中毕业的朱玉贤做了一个影响一生的决定——坚持学习。他从语文、数学、化学、物理老师那里要了各科目全套的高中课本，并买了不少笔记本，自学“文革”前的课程。“当时只是想着，多读书总是好的。”在那个年代，国家并未提供给知识分子多少希望，朱玉贤纯粹凭着自己对知识的信仰坚持了下来。之后他进入部队锻炼了三年，每天晚上看书做题的习惯却没有改变。1977年国家恢复高考，这个消息激起了这个年轻小伙子内心深处继续求学的渴望。“我几乎没多想，主动要求退伍回家复习准备高考。很多人说你再待几年就可以提干，就会有铁饭碗。可是我知道，自己这么多年来白天干活、晚上看书做题的目的是什么。”朱玉贤回忆，乡下人家睡得早，每晚8：30广播开始放《国际歌》时，家家户户就都熄了灯，而此时唯一亮着灯的窗口，后头坐着的肯定是还在看书的他。江南没有暖气，冬天脚冻裂，夏天蚊子咬，但朱玉贤硬是坚持了下来。“机会只给有准备的人”，最终，朱玉贤成功考入浙江农业大学，并与生物学结下不解之缘。

1991年，朱玉贤正在华盛顿大学念博士后。那时，美国总统老布什新颁布了一项行政命令，允许1989年前到美国的中国留学生申请永久居留权，这个政令无疑具有较强的吸引力。更何况，那时中国的生物学研究水平和美国相比仍显得非常薄弱。然而，朱玉贤还是决定在同年6月回到祖国。“现在想起来这是一个‘危险’的决定，”朱玉贤回国的理由很单纯，“我是农民的小孩，有着很深的恋土情结，深知中国是我的家。”

1994年，他获得了洛克菲勒基金会的职业奖学金，得到赴美国大学和科研机构进一步学习、交流的机会。这段时间是朱玉贤科研定型的最关键时期，特别是在那时结识的彼得·奎尔教授和华裔贺端华教授，对他的学术思想产生了深远影响。“实验数据要精益求精，要像去见女朋友那样细扣论文发表时将要面世的数据。写文章不但要有新意，还得有高度，让人愿意读”。两期职业奖学金做下来，他收获最大的就是严谨的思维和科学的态度。朱玉贤生动地举例：“搞科研就像吃饼，吃两个饼不饱，再吃半个饼就饱了。我之前十多年的研究就是前面两个饼，是基础；而那段时间的研究就是后头半个饼，没有它们，我也很难取得今天的科研成就。”

作为一名学者，朱玉贤对这一身份应有的品质有着自己的理解。其一，搞科研最重要的品质就是锲而不舍：“板凳要坐十年冷。做学问，要耐得住寂寞，有自己的坚守，集中精力，不怕困难，在黑暗中瞄准方向坚持探索。”其二，学者需要有高屋建瓴认识事物的角度，拥有自己的思考。他还强调：“专家不能哪都‘拍一砖’，不能成为‘杂’家，要将绝大部分时间精力花在本专业的科研思考上。”

真性情，情寄桃李心怀天下

“作为一个学者，我的文字全都贡献给自然科学研究了，除科研论文和极少量的科普文章外，没有其他著述。‘前言’是我跟我的学生交流的主要或者唯一渠道……如果碰巧其中的某些观点能被我的学生接受，成为他（她）们世界观、人生观的一部分，那就是我的额外收获。”这是朱玉贤还未出版的《现代分子生物学》第四版“前言”中的一段话，寄托了他对学生的谆谆教导和对人类社会的思考。这么多年来，朱玉贤一直坚持着对科学与人类社会关系的思考。他认为，人类世界其实处于远比我们能想象的更大的危险之中，人类对下一代的培养仍处于盲区之中。人类为满足自己的贪欲，给自然造成了难以估量的破坏。据欧盟的统计，为了长期维持地球表面宜居的生态环境，人类将为投放到耕地上的每1千克氮肥付出至少两倍当量的能源。

北京大学生命科学院博士研究生李钦说，朱老师给学生最深刻的印象是特别认真。“有一次老师开了一天的会，直到下午5点多结束，按理应该直接下班回家了。没想到他仍然过来实验室一趟，看看我们的研究进展。”李钦还谈到，遇到生活上有困难的学生，朱老师会毫不犹豫地伸出援助之手。

“2006中国大学生年度人物”获得者施永辉是朱玉贤的博士生。2005年初的一天，正是他们的研究最为紧张的时刻，施永辉却一瘸一拐地走进了实验室。得知是他脚上长疮后，朱玉贤立即问他为什么不去医院看病。施永辉回答说：“现在实验正是着急的时刻，我想拖一拖。”听了这话，朱玉贤立马放下手中的科研，亲自开车送他去医院看病。施永辉的病情耽误了两周的科研时间，但朱玉贤表示，学生的健康是第一位的。

朱玉贤还是学生们眼中的“体育健将”。“老师经常带我们一块运动，跑步、爬山等等，但我们通常都爬不过他。”李钦笑着说。谈起他热爱的运动，朱玉贤不无得意：“我在运动上面是有天赋的，尤其是中长跑。我是第七届浙江省运会1500米的第一名，从1982年起一直是浙江农业大学这个项目的纪录保持者，要不是2005年浙江省多校合并，我的纪录还要保持得（更）久些。”

中国科学院院士证书颁发仪式上，朱玉贤颇为意外地发现，每位院士拿到了一大一小两本院士证。院士局的领导告诉他们，大本主要是给他们的夫人或先生的，以感谢她（他）们对院士本人做出的默默奉献。温暖的家庭和对土地最朴素的情感，是朱玉贤在研究道路上最美的风景；伴随着这份关怀和情怀，他将在生物学领域继续“耕作”下去。

（来源：北京大学新闻网；作者：陈圆圆　季　梵；https://news.pku.edu.cn/bdrw/137-257872.htm）

只上过一年中学，从赤脚医生一步一个脚印走到中科院院士。这位湖北医学界目前唯一的科学院院士难以忘记恩师的谆谆教诲，“最老实的人才是最聪明的人。”并且用一生为这个“聪明与老实”的人生成长辩证法写下注脚。

——陈孝平

亮的名
2019 最美科技
者发布仪
荣誉证书

只上过一年中学，从赤脚医生一步一个脚印走到中科院院士

老实人才是最聪明的人

◎陈孝平院士

“为什么是陈孝平？”

一个只读了一年中学，从乡村赤脚医生走出来的年轻人，最终成为“中国外科之父”裘法祖院士的衣钵传人。很多人不禁要问，“那么多优秀的年轻人，为什么挑中了他？”

这如同一个硬币的两面。

很多成功者常常感恩于自己遇到了一位好老师，“但好老师面前有那么多学生，为什么偏偏是你走得更远呢？”

“师徒两院士”传奇佳话背后，陈孝平至今清晰地记得恩师一次感喟中流露出的答案，“看准一个人，五年八年还不行，没有十年二十年考验看不出来”。

这位湖北医学界目前唯一的科学院院士难以忘记恩师的谆谆教诲，“最老实的人才是最聪明的人”。并且用一生为这个“聪明与老实”的人生成长辩证法写下注脚。

人生职业大体莫过如此。

“小学五年级突然知道用功了”

他常常是班里倒数第一第二，家里唯一的办法就是用棍子打。

1953年6月，陈孝平出生在安徽阜阳一个贫困的平原小村庄，兄妹5人，他是家中的长子。

20世纪50年代末开始的那场三年自然灾害中，漫天黄土、满地蝗虫的景象，构成了陈孝平童年记忆里最深重的底色。

陈孝平上的淮新小学就在村里面，房子都是破破烂烂的，老师大多来自当地小学毕业生，初中毕业的就算大知识分子了。"那个时候我们敬仰的对象就是有文化的人。"

父亲在合作社当小职员，母亲是地地道道的农村人，还是文盲。小学里没什么家庭作业，父母各忙各的事，完全是散养。

陈孝平说自己小时候似乎是稀里糊涂过来的。小学前几年，常常是班里倒数第一第二，从来没有考过第一，家里唯一的办法就是用棍子打。"成绩好没有表扬，但是成绩不好肯定是要挨棍子的。"

命运的转折充满了偶然。

五年级时家乡发大水，区里中学下派抗洪的一位王老师经常到陈家歇脚，他拍着陈孝平的小脑袋鼓励，"好好读，考中学考到我们学校去"。

就像内心突然被一束光照亮，陈孝平一下子知道用功了。

他约了几个小伙伴每天晚上开小灶自学，因为家离学校比较远，中间一段路空荡荡的瘆人，就干脆带着干粮住在学校里。

和今天的教育培训言必谈钱截然不同，让陈孝平感佩的是，彼时那些老师的敬业精神。

几盏煤油灯下，小伙伴们集体自习。只要有人在，老师们就一直陪着。记忆很深的是数学老师，自己的水平也很有限，就帮大家一起琢磨题目。

1965年，陈孝平以全区第二名的成绩考上了区里的曹集中学，同时一起备考的几个小伙伴也都考上了！

学校距离家有30里地，小孩子走路需要大半天的时间。两个星期放一次假，吃饭的米面自己背。因为个子小，村里比自己大几岁的邻居小哥哥有时候就帮着背，走一段歇一歇。

当时乡村校园生活的艰辛，今天的青少年或许难以想象。

睡觉是在农村建房的土坯围两排大通铺，到了冬天，两个同学搭伙，铺点稻草，一个人的被子放在下面垫，另一人的一起盖，半个月一轮换；最高兴的是夏天，凉席一放就能睡。

所谓的菜，就是自家用黄豆做的豆瓣酱，一吃半个月，发霉是常事；父亲每次给他3块钱，偶尔可以买一次食堂炒的青菜。

然而，到了这个集镇上的中学，陈孝平却有种“刘姥姥进大观园”的感觉。“街上都是漂亮的大房子，还有好多商户，大开眼界。”

让人兴奋的是，这里的老师水平也高了。有的是高中毕业的，有的是师范毕业的，“懂的东西太多，突然之间，感觉像是遇到了专家”。

初一时，学校开的课程很少，只有语文、数学，物理、化学都没有。班里有个叫陈刚的同学，非常聪明，读第一学期的时候，就把第二学期的书全部看完了；第二学期又把初二的数学题全部做完了。这个小考侥幸考了学校第二名的少年只有追赶的份。

校园阅读丰富起来，陈孝平最喜欢看的是《西游记》，还有《水浒传》《三国演义》。他看了很多《西游记》的连环画，特别喜欢孙悟空，有创造性，敢作敢为；水浒中最喜欢的一个人是林冲，这个八十万禁军教头“不管在什么位置上，都任劳任怨，这是一般人做不到的。”

校园里的体育活动也多起来。

▶ 安医留念

▲ 参加1985年4月武汉国际器官移植大会

乒乓球运动员荣国团为国争光的故事广为传播，体育老师教大家玩起乒乓球：几块砖在中间一拦当球网，山上就地取材的木头板子割成球拍。

陈孝平进步很快，第二个学期进入校队，场地从室外搬进了木头房子里，球拍也变成有胶皮的了。

县里举办中学生乒乓球比赛，老师带着六七个学生走了四五十里路去参赛。漫天风雪，手脚冻得冰冷冰冷的，但这也是农村孩子第一次进城。半个世纪后回想，陈孝平印象中依然是青涩年华里周围同学满眼羡慕的目光。

一年之后，“文化大革命”开始，陈孝平的中学时光刚刚开篇，一切又戛然而止。

“农村天地成为人生的另一所学校”

陈孝平对于新奇的事常自己模仿、自己创造，乡间野趣中，激发了他无穷无尽的想象力和创造力。

在人民公社的生产小队，13岁的陈孝平开始了日后被很多人称为“另一所学校”的生活。

返乡的陈孝平被分配负责割草、喂牛。每天要走到10里路外的野地里割草，30斤的草料背回来就算一天的任务。

对于十几岁的小孩来说，开始感觉很重，但活越干越熟练了，体力也锻炼得越来越好了。开始要花四五个小时干活，后来一两个小时就完成了。剩下的时间，几个孩子就到水里去游泳摸鱼，有时候还会带一串鱼回家。

不需要专门训练，大自然就是最好的学校。江湖里的野路子，让陈孝平练出了一身好水性。涨洪水时，家附近的淮河两岸距离四五里，比长江很多地方还宽，大人们在岸上吓得直叫唤，而几个孩子在水里却越游越高兴，还常常比试着一只手托举衣服，一直游到对岸去了。

为了安全起见，阻止儿子偷偷下水游泳，陈孝平的母亲想了个办法，用锅灶下面烧的黑烟灰往他肚脐上一抹：就看锅灰还在不在，在就没事，如果肚脐上的锅灰消失了，说明下水了，接着就是一顿打。

除了玩水，陈孝平还有一个爱好：爬树。几个调皮的小伙伴常常比赛看谁能爬上棵最高的树，并且比谁能把树枝压得更弯。爬树后就掏鸟蛋，布谷鸟的窝很低，因此很容易把小雏鸟拿回去，但常常养不活。

最快乐的当属“摸秋节（就是中秋节）”。按当地的习俗，这一天晚上，允许相互之间到任何一家地里去偷东西，孩子们只要看哪一家向日葵、玉米棒长得好就掰几个下来。

有个表亲长辈专门种瓜，陈孝平就去讨他喜欢，经常晚上跟着到瓜地里抓夜里偷瓜的刺猬，他们先挖一个陷阱，把瓜埋好放进去。月夜下的少年屏住呼吸，心怦怦地跳，一直等到刺猬掉进坑里。

经年之后，见惯了后辈们在钢筋水泥丛林里的生活，陈孝平不禁感慨昔日在乡村的童年才是真正的童年，才会像鲁迅笔下的闰土，知道如此之多的新鲜事。

大坝上的定位测量仪，逢年过节时的皮影戏……陈孝平对于新奇的事自己模仿自己创造，乡间野趣中，培养和锻炼了他无边无际的想象力和创造力。

譬如享誉全世界的“陈氏肝脏双悬吊技术”，就能从陈孝平儿时的小手工中找到“伏笔”。肝脏手术中有一关键步骤，需要将手术中肝脏悬吊起来充分暴露，传统肝脏悬吊技术用坚硬的器械盲穿悬吊，极易引发大出血。陈孝平想出建立肝后间隙通道，沿通道放2根软条带，一根向左拉，一根向右拉，操作简单又安全。

因为方法“太土气”，他甚至很长时间不敢拿出来讲，直到国外有专家在杂志上发表类似的技术后，他才将自己的方法公布于世。“这不是传统书本上的东西，完全是自发想象出来的。”

1969年，国家大规模培养基层赤脚医生。每个队都要派出一个人学医。怕打针、看到医生都会发抖的陈孝平被推了出来，经公社医院短暂培训了三个月，陈孝平成了来往于田间地头和走村串户的“赤脚医生”。

跟着老师到田间地头挖中草药，从最初的感冒、腹痛，到逐渐可以处理稍复杂的疾病，这段经历让陈孝平感受到了作为医生的责任和魅力。

然而，对于彼时的少年陈孝平而言，最大梦想是“能够去当兵”。

“就觉得穿军装戴军帽很神气，开枪、开炮很过瘾。”他一度报名参军，但是年龄不够没有被录取。

生活的剧目中总有那么多阴差阳错。

1970年，县里推荐“工农兵学员”到蚌埠医学院学习，公社领导开始选定了一位姑娘，但她要求进城当工人，17岁的陈孝平作为“替补”得到了这个改变命运的机会。

他至今记得突然收到通知那个夜晚，要求应连夜到县医院做体检。当时公社离县医院有35公里，平时不苟言笑的父亲带着他骑单车赶路，到达时已是凌晨5点。

很多年后，当年带他做体检的医生追忆，当时大家都在议论，“说你是癞蛤蟆想吃天鹅肉，小学生水平还想去上大学，等着自己跑回来吧！”

这个“赤脚医生”最终没有“跑回来”。抗震棚里背英语，别人休息的时间仍在学习，陈孝平一步一个脚印走进了专业医疗队伍。

1979年，乘着改革开放的春风，陈孝平考上同济医学院研究生，师从我国外科医学奠基人、被誉为“中国外科之父”的裘法祖院士，人生从此掀开新的一页。

“老实的人才是最聪明的人”

同事间渐渐流传出一个玩笑，“两个手术台，狗睡一个台子，陈孝平睡另一个台子”。

回望失去的中学时代，在农村这所学校里，陈孝平也有今天青少年一代无法想象的收获，“最大的资产就是多年来养成的吃苦耐劳精神”。

夏天为了排涝，吃住甚至睡觉都在田里，没有抽水机，只能用盆子一盆一盆往外泼；四处都是野蚊子，驱蚊装置简直就是天方夜谭，蚊子叮人都觉得是正常的，每个人身上全都是大毒包，一片红肿奇痒难耐，有人还因此得了疟疾。“再苦再累，都没有怨言。”

还有“集体精神，这个是现在所没有的”。

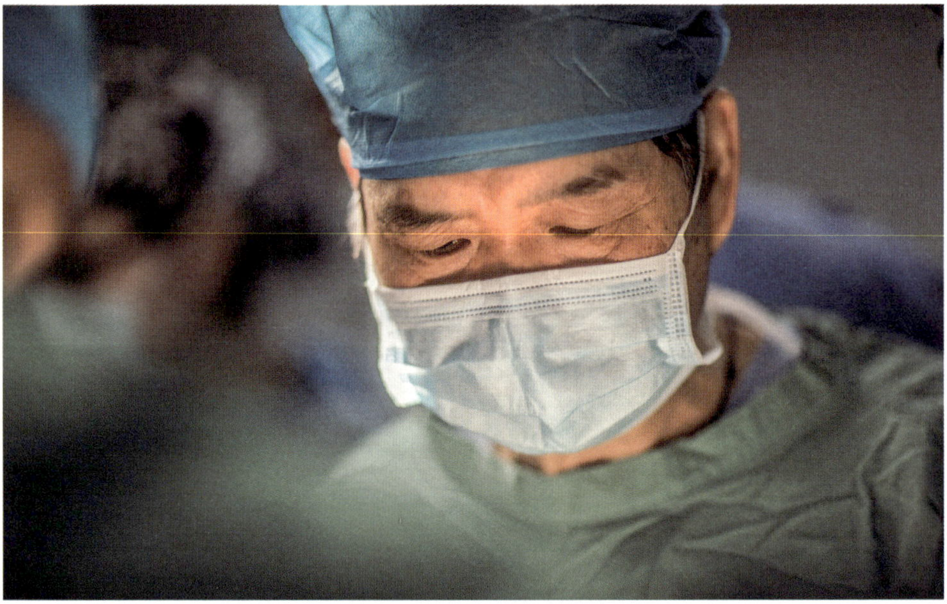

▲ 术中照片

彼时的生活环境中，公社、生产大队、生产小队，所有东西都是集体的。大家有什么困难都是一起去做，一起去克服，是一个整体，只要有人号召，大家都一起去了，不同于今天大家习以为常的“凡事都想着讨价还价”。

这样的历练滋养了陈孝平的整个科研生涯。

20世纪80年代，陈孝平读研究生时，做动物实验，十几条狗的吃喝拉撒，全部都是自己负责。为了给狗补充营养，就到食堂找师傅要剩骨头；大便小便臭得一塌糊涂，自己打扫。有一天一个教授看到后惊讶地问，“你怎么受得了？气味太难闻了！”但当时的陈孝平丝毫没有认为是在吃苦。“我做的研究，这些事情就应该我干，关键是这一点。”

做肝移植手术试验，开完刀后连续两个星期都要观察。陈孝平常常就住在医院的实验室里，手术结束后睡在狗的旁边。同事

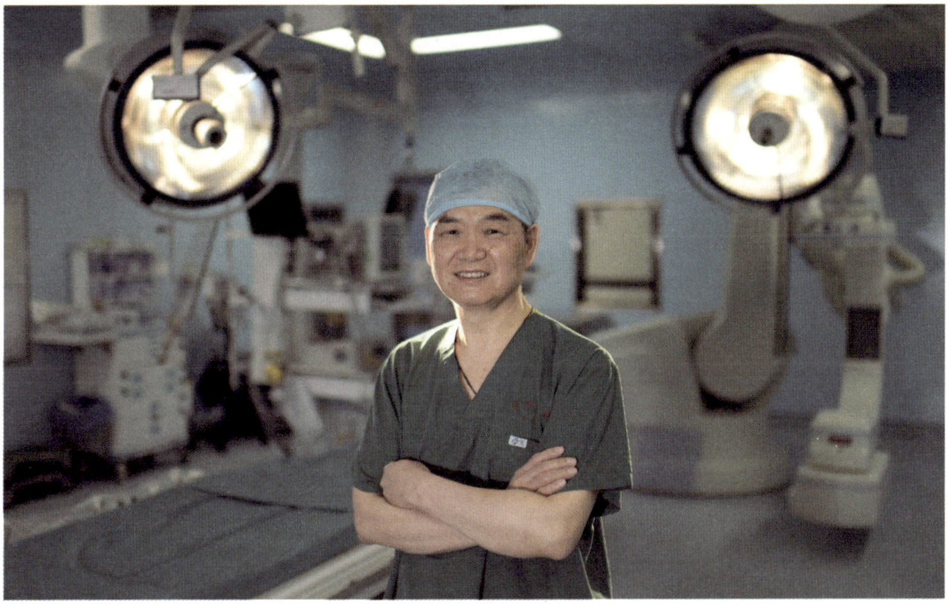

▲ 陈孝平院士在手术室里

间渐渐流传出一个玩笑，“两个手术台，狗睡一个台子，陈孝平睡另一个台子”。

勤则不匮。从医40年，在肝脏外科领域，陈孝平施行和指导施行各种肝胆胰手术2万余例，其中包括肝癌7000多例，多次打破该领域手术禁区，在世界创立了3项中国人的原创手术方式。时至今日，每次手术之前，他依然会亲自看片子制定手术方案、手术之后还要一天三次查房，危重病人还会夜查房。

2014年12月4日，全球科技领域顶级权威杂志《自然》(*Nature*)，介绍了陈孝平在肝胆胰外科领域中取得的成就。文章评价道，“陈孝平教授对肝胆胰疾病的治疗做出了救世贡献，是国际肝胆胰技术改进和创新的领导者”。

他也感慨于今天年轻一代的“娇生惯养”，一点苦都吃不了。比如让他去加个班，他不愿意；晚上值班睡觉，病人不好叫他看看，连病床都不愿意跑。他用自己观察的案例告诫年轻一代“集体意识缺失，会吃单打独斗的亏”。

有个医生每次开刀开不好，就把周围人员全都骂一遍，钳子摔得满地都是，最后大家都躲着他走。外科手术都是团队的工作，他一个人干不下去了只能换地方，最后没干两年就退休了。“实际上他技术很不错，成就也很高，就是没有集体精神，这一部分人最后很难走得远。”

但是这一次抗击新冠肺炎疫情最前线的见证，刷新了他对“80后”“90后”的看法。“年轻医生绝大多数都是自愿报名参加，他们不叫苦不叫累，防护服一穿，数个小时就坚持下来了，不再是娇滴滴的一代了，真正体现了国家有难、匹夫有责的个人担当。”

陈孝平曾经的母校蚌埠医学院，一个名不见经传的地方院校培养出四位院士，校园里一直秉持一个理念，“传授给学生一把有温度的手术刀”。而自己的恩师裘法祖更是提出“德不近佛者不能为医”。

陈孝平说，自己成为裘老的第一个博士后，有机会长期接触，学到的最珍贵的东西，就是“做个好医生”。

听到年轻医生问，“我为什么要做？对我有什么好处？”陈孝平常常袒露心声，“你只要做对别人、对社会有用的事，至少在你良心上自我感觉是好的。比如说我哪一件事情做错了，或者哪个病人出什么事情，就会懊悔很长时间，这是医者的良心和责任”。

“三不计较”，是陈孝平时常对学生念叨的话：不能计较时间，医生的时间是属于医院和病人的；不能计较金钱，学医之人贪图金钱就会出大事；不能计较一时的得失。

陈孝平曾经的一个病人肝脏上长了肿瘤，她就诊了不少医院，医生都说需要开刀，但是她都因为害怕而拒绝了。到了同济医院，陈院士让她躺在床上，摸摸肚子，听一听，她就决定留下来做手术。过了三四年后，当陈院士再次遇到她，她说陈院士你知不知道我为什么在你这里开刀？“因为我看了一圈，没有一个人给我摸过肚子，只有你给我摸了肚子、做了检查。”

“最老实的人才是最聪明的人。”40年后回首，裘老的教诲犹在耳边——做人要老老实实，欲速则不达，千万不要把自己的聪明才智用到不该用的地方，否则就会走上歪路。

而他也用自己的一生为这个“聪明与老实”的人生成长辩证法写下注脚。

（雷宇、常宇，同济医院陈孝平院士办公室）

个人简介

陈孝平，1953年6月出生，籍贯安徽阜南。1973年毕业于蚌埠医学院，1982年和1985年分别获同济医科大学医学硕士和博士学位。现任华中科技大学同济医学院附属同济医院外科学系主任、肝胆胰外科研究所所长等职务，2015年当选中国科学院院士。

从事外科临床、教学和研究工作40余年，在肝脏外科领域，施行和指导施行各种肝胆胰手术近2万例，含肝癌近7000例。在裘法祖、吴孟超和汤钊猷等前辈的工作基础上，他在肝癌外科治疗和肝移植方面做出了系统的创新性成果：提出新的肝癌分类；提出肝癌可安全切除的理论；建立3项控制肝切除出血技术和1

项肝移植术。这些理论和技术已应用到临床，效果显著。

曾获得国家科学与技术进步奖二等奖、国家级教学成果奖二等奖、教育部提名国家科技进步奖一等奖、中华医学科技奖一等奖、何梁何利科学与技术进步奖、中国抗癌协会科技奖一等奖、湖北省科技成果推广奖一等奖、湖北省科技进步奖一等奖各1项，并获得中国肝胆胰外科领域杰出成就金质奖章。先后被评为全国教学名师、全国卫生单位先进个人、卫生部有突出贡献的中青年专家、全国五一劳动奖章和全国医德标兵。

一问一答

问：野养的过程中也有野趣，回过头看，对您的科研道路也有很多助力吧？

答：现在的小孩都是在父母的照顾之下，一家三次几个老人一起照顾一个孩子。家长说这个不好那个不好你不要去碰。所以你的想象力没办法去实现。

我们那个时候没有这样的。我讲一个比较危险的经历。我那时候大概三四岁的样子，母亲在农田里干活，有一个老奶奶，老奶奶照看了十几个小孩。那个时候调皮爱动，然后我就去找我母亲，走到路边就睡着了。后来我们邻居的一个老大哥看到我在路边睡着了，就把我背回来了。怎么说危险呢？因为那个时候我们那个地方有很多狼，那一次幸亏没有被狼发现，发现就没命了。这是一次比较危险的经历。当时在农村就是这样一种情况，现在我经常会跟他们开玩笑说是野养的。

问：前期我们跟医院很多人交流，对您有一个评价，“敢于创新”。怎么理解？

答：现在的医学是从外国传到中国的，所以很多人觉得西方人讲的任何东西都是对的。

我很不愿意听到这个话，美国人怎么讲，德国人怎么讲，日本人怎么讲，这个话我听到很不习惯。为什么不能说我们中国人某某某专家怎么说？为什么我们不可以这样讲？多年下来之后，我们有充分的条件，可以做到我们给他们讲。

第一，我们病例多，我们经验比他们多。

第二，改革开放之后，他们所有硬件条件他们有的我们都有。

第三，中国人的脑袋不比他们差。中国人的脑袋想问题，要相信中国人的智慧。你如果任何东西都盲目地跟随，崇洋媚外的话，这个对年轻人是不可取的。

哪怕这个手术它有1%的死亡率，你现在还有改进的方法。你把它降到0.5%。0.5的死亡率降到百分之零点几，这都是你技术创新的动力。能做到这个点，这就是进步，因为我是从这个角度来看问题的。

问：作为医学界的院士，这样一场大疫之后，你最想跟青少年分享的一句话是什么？

答：大家从小要有志向，我们国家有一句话叫国家有难，匹夫有责。这句话要深入每个人的心中，一旦遇到这种困难的时候，大家都要心往一处想。

延伸阅读

做人民的好医生

◎陈孝平院士

▲ 陈孝平（绘：柳佳钰）

“做人要知足，做事要知不足，做学问要不知足”，裘法祖院士的这句名言早已成为华中科技大学同济医学院附属同济医院肝脏外科教授陈孝平的座右铭。作为裘法祖院士培养的第一个博士生，他倾尽全力为患者解除病痛、潜心科研、教书育人，一步一个脚印实践着心中的理想——做个人民的好医生。2015年底，陈孝平荣膺中国科学院院士，这既是激励他继续前进的动力，也是对他职业生涯的肯定。

“不看片子不做手术”

陈孝平的一天是这么过的：早上7点到医院，用1 ~ 2个小时处理紧急突发情况，包括病房里和学术上的，一般9点半进手术室，有时连台2 ~ 4台手术。每天除了早上查房，下午、晚上也一定要去病房转转，这早已成为陈孝平多年的习惯。一个手术患者，术前、术中、术后，他一天至少要检查3次。晚上则常常在办公室写文章到深夜。患者有什么异常，年轻医生随时可以找到他。“看看当天做手术的患者情况如何？看看明天要做手术的患者准备如何？不去看看，总觉得心中少了一块似的，睡也睡不安稳。”陈孝平说：“这也不是谁要求的，只不过以前跟的老师都这样做，久而久之，自己也就这样做了。”即便是出差在外，他也会晚上准时打电话，让值班护士回病房了解患者情况。出差归来第一件事就是马不停蹄拖着箱子去病房看看患者，顾不上回家。

20世纪90年代初，肝脏外科还没有重症监护病房，重病号做完手术只能直接住在手术室里观察。陈孝平索性在病床旁搭一张床，睡在那里，随时观察患者术后情况，随时抢救治疗。熟悉陈孝平的患者都知道，他还是个“B超医生”。他对所有主刀的患者，都要亲自看B超的动态影像，而不是只看纸质报告。每个星期二是他固定的读片时间，他说："一个好的外科医生，应该先看片，再看报告。因为外科医生不仅要对疾病有明确诊断，更要了解肿瘤的确切位置，其与周围器官的关系。有目的地做手术，才能避免不必要的损伤。"陈孝平对每一个术前患者，不仅亲自检查看片，还要求把各种检查结果带进手术室，随时使用，避免失误。于是，陈孝平为患者付出了更多的时间和精力。

高玉林是名60岁的山东乡村教师，2002年发现肝硬化，2006年初查出肝癌。2006年5月慕名来找陈孝平给他做了肝移植手术，手术很成功，结束的时候已经是晚上6点。一出手术室陈孝平匆匆喝了口水，马上又去看刚回病房的老高，观察手术后的各项指标情况，给出医嘱，还特别嘱咐护士们操作要轻，尽量不发出声音，"老人家经历了这么大的手术，让他好好睡睡吧"。得知高家经济困难，陈孝平千方百计节省医疗费用。在陈孝平及医务人员的精心治疗下，老高康复出院。高玉林回家后，2007年5月20日发现胆管阻塞，辗转几个大医院病情都没能有效控制，陈孝平得知后，又把高玉林接到同济医院，再次为他进行胆管手术。因为老高多次手术后解剖变异，加上粘连严重，陈孝平手术中反复看片子，思考解决方法，手术从早上开始一直到下午做了整整6个多小时。陈孝平笑称，"这是我一辈子遇到最难的一次胆总管探查术"。手术做得很成功，2周后老高就下床走路了。

"做医生要有聪明的头脑，更要有温柔的心肠与充满爱的双手。"陈孝平常常对团队成员这样说。一次，陈孝平查房时，看到一名医生做腹腔穿刺，将患者的衣服大大敞开，当时是冬天，虽然病房有暖气，陈孝平察觉患者因为恐惧仍然感到冷，他立即疾步上前为患者盖好衣服，只露出操作部位。事后他严厉批评那位医生:“你知道吗，患者术后体质很弱，加之又是冬天，腹穿时除操作部位外，其他部位不必要暴露，否则患者可能因此增加痛苦。”陈孝平告诫年轻医生，“患者不是冰冷的操作仪器，知道怎样真正体贴患者，才能算是一个好医生”。

至今，陈孝平已经做了一万多例肝脏疑难手术。他每天分秒必争，不肯懈怠，因为对他而言，挽救患者的生命就是医生的全部。

“患者的疾苦让我不懈地创新”

20世纪80年代，中国人因为营养状况不佳，仍然是世界上的肝病大国，肝癌的发病率极高，让从事普外专业的陈孝平为患者揪心。

肝脏是人体内最大也是最重要的器官之一，血供丰富、功能复杂，因而肝脏外科也以难度大、危险性高、“手术禁区”多著称。1973年，陈孝平大学毕业参加工作，刚工作的6年里从未看见一台肝切除手术。选择肝脏外科作为主攻方向，陈孝平颇有点知难而上、舍我其谁的胆略和勇气。

2009年11月3日，一场不寻常的手术正在进行。同济医院外科手术室，一位普通的母亲为割肝救子日行十公里减去脂肪肝，正在接受亲属间活体肝移植。与手术同步，中央电视台全程直播“暴走妈妈”的手术，全国亿万人为术中母子揪心。手术台边，陈孝平“坐镇”，率30多位医护人员全力以赴。这场肝移植手术历经漫长的14个小时，最终母子平安。在业内，器官移植是外科手术的“王冠”，肝移植更以手术难度高被称为“王冠上明珠”。在国内，亲属间辅助性部分活体肝移植从理念到实践，都由陈孝平首创。

早在20世纪80年代，陈孝平在国际上第一个提出了“亲属间活体肝移植”的理念；2008年，陈孝平主刀，国内首例亲属间活体肝移植手术获得成功。早在1982年至1985年，他就提出，良性肝病全切肝脏没有必要，患者只需37%左右的肝脏就可能维持功能的新观念。这样，供肝体积小，供者的安全系数更大一些。他心里的目标是：这位母亲不仅要安全手术、健康恢复，更要正常生活。

然而，更艰难的挑战降临。正常肝脏有一根胆管，1厘米粗细；但切下这位母亲肝脏时，医生才发现，肝内胆管竟然有4根，根根细比铅笔芯！这在医学上被称为基因变异，该基因变异极为常见，存在于超过一半的健康人身上，这就给医生手术带来更多不确定因素。考虑这位母亲胆管太细，部分缝合效果最佳。在国内，能做这种手术的医生凤毛麟角，而类似手术，陈孝平已做上百例。这一次，要同时缝合4根，陈孝平沉着应战。直到晚上，最后一根胆管才缝合成功，而手术远没有结束。但是，最难的关头过去了，陈孝平一直悬着的心放下大半。

对医者来说，普爱精神与奉献精神正是陈孝平医学创新精神的内核，他因此敢于在肝脏外科领域打破种种禁区。在寻找简单、安全、有效的出血控制技术中，“陈氏肝血流阻断法”“陈氏肝脏双悬吊技术”等开创性地以陈孝平本人命名的手术术式颇为引人瞩目。

2014年12月4日，全球科技领域顶级权威杂志《自然》(*Nature*)评价，“陈孝平教授对肝胆胰疾病的治疗做出了救世贡献，是国际肝胆胰技术改进和创新的领导者”。陈孝平的不断创新，简化了肝切除的方法，提高了肝切除的安全性，极大地推动了我国肝脏外科手术技术的发展，使我国肝脏外科领域在国内外处于领先水平。这些研究成果已在国内60多家地市级以上医院推广，临床应用2万多例，社会效益显著，并于2004年获国家科学与技术进步奖二等奖。

“培养更多的好医生”

对于教学的意义，陈孝平这样打着“小算盘”：“当医生，我每天最多看20个患者；如果我培养了200个学生，他们都能成为好医生，那每天就有4000个患者受益。当桃李满天下的时候，你会觉得自己是世界上最幸福、最富有的人。”原来，这就是陈孝平数十年坚守教学第一线的“秘密”。

陈孝平先后主编教材、专著及参考书20余部。培养了博士后3人，博士30多名，硕士60多名，完成本科生教学2500学时。每一堂课前，陈孝平都会认真备课，查询课程相关的医学新进展，亲自制作教学课件，力求让学生们在每一堂课里都能学到尽可能多的知识，激发他们献身医学事业、勇攀科学高峰的兴趣。在外科实习的学生公认最“怕”也最欢迎的事情就是陈孝平每天一早的教学查房。每次查房开始，其他病区的学生得知消息都会争相来参加。因为陈孝平喜欢提问，而且问题也都是大家平时经常遇到又没特别注意的。有学生答不上来，陈孝平就会从基础知识出发，给大家一步一步提示，深入浅出地使问题逐步明朗。最后大家恍然大悟，原来一切如此“简单”。

“兴趣是最好的老师。”陈孝平总结30余年的教学心得后有感而发，“一些老师常会抱怨自己有时是对牛弹琴。我听后有这样的感触，如果我们真的是对牛弹琴的话，不是牛不好，而是你的

▲ 陈孝平院士做学术报告

琴弹得不好，你为什么不根据学生的需要来组织教学呢？我认为在教学过程当中老师很关键，我也一直在琢磨如何尽力激发学生的潜能，激发他们的兴趣和求知欲望。”

陈孝平主讲的《外科学》是一门理论和实践性很强的临床学科。学生学习过程中对外科理论的理解和应用以及对临床技能的掌握是本课程的重点，也是难点。在长期的教学实践中，陈孝平和同事们充分吸收国内外医学教育的经验，着眼于培养高素质创新人才，对现有外科学教学体系进行了系统化改革和创新，形成了全新性的外科学教学体系。2005年，《外科学》被评为国家精品课程，陈孝平主持的教改项目“以‘名教师、名教材、名课程’为依托，建立创新性的外科学教学体系”获国家教学成果二等奖。

陈孝平常语重心长地劝告学生：“做人，就要做老实人，老实人不会吃亏。”在他看来，医学是门特殊的科学，面对的是“人”，来不得半点马虎、大意。学生经常会出现急功近利或者遇到困难就裹足不前的负面情绪。针对这些，陈孝平在医疗实践和实习指导中身体力行、言传身教，告诫学生不要因为短期内可能会“吃亏”而要一些小聪明，走一些所谓捷径，要以诚待人，踏踏实实地学习知识，苦练本领，从长远来看，绝对不会“吃亏”。正是有这种理念的灌输，陈孝平和他的学生们都会亲力亲为做一些别人看不上的“小事”，比如给患者换药。他常说:“‘医疗无小事’，作为一名外科医生，不管是教授，还是医学泰斗，你首先是位医生，即使是换药这种‘小事’也要自己做到正确掌握每一个细节，并从蛛丝马迹中找出异常情况。”

“高等院校是培养人才的地方，教学工作永远是学校工作的主旋律。倾其心力培养学生是教师的天职。只有这样才对得起国家和社会的期望，对得起学生信任的托付。”陈孝平如是说，如是做。第二届全国高校名师奖、“宝钢优秀教师”特等奖、国家教学成果二等奖、湖北省教学成果一等奖……2006年，陈孝平接二连三地与这些教学的最高荣誉“邂逅”。

临床、科研、教学，“医学三栖教授”陈孝平在他钟爱的医学事业上取得了丰硕的成果，践行着对生命的终极关怀。面对接踵而来的荣誉，他一如既往地平静:“要做个人民的好医生，我的路还远着呢。”

（蔡敏，同济医院宣传部）

杨叔子有一句名言，“一个国家、一个民族，没有现代科学，没有先进技术，就是落后，一打就垮；然而，一个国家、一个民族，没有民族传统，没有人文文化，就会异化，不打自垮”。

——杨叔子

作为中国高校『人文风暴』的掀起者，
他疾呼教育要先『育人』后『制器』

中学文理分科培养的是¼的人

◎ 杨叔子院士（1933年9月5日—2022年11月4日）

“床前明月光，疑是地上霜。举头望明月，低头思故乡。”和许多中国孩童一样，《静夜思》也是杨叔子学会的第一首诗。

那是1938年，日本侵略者逼近江西湖口，五岁的杨叔子跟着家人背井离乡，逃难途中，父亲杨赓笙将诗中游子思乡之情化作山河破碎的悲愤，嘱告年幼的杨叔子一句一句铭刻在心，奋发图强。

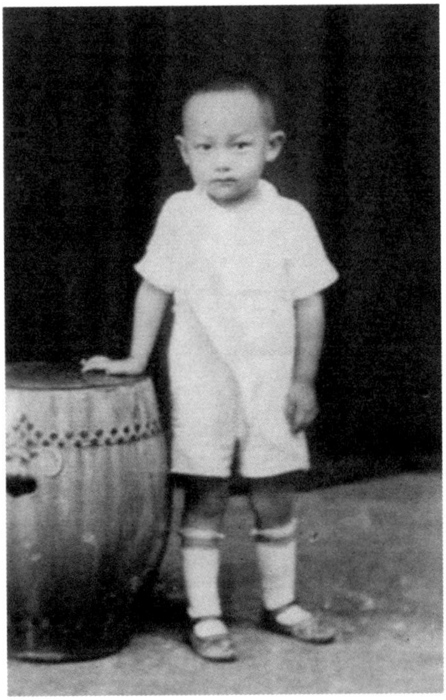

▲ 幼儿时

大半个世纪过去了，杨叔子没有辜负父亲的期望。

他开发出国内第一个信号处理系统，出版国内第一本“基于知识的诊断推理”的学术专著，发表国内第一篇智能制造的学术论文，四十七岁成为湖北省当时最年轻的两位正教授之一，也是华中理工大学（现华中科技大学）第一位院士。

他还被称为国内高校领导人中人文素质教育第一人，在大学校长任上掀起的“人文风暴”，时至今日依然影响着千千万万的大学生。

杨叔子有一句名言，“一个国家、一个民族，没有现代科学，没有先进技术，就是落后，一打就垮；然而，一个国家、一个民族，没有民族传统，没有人文文化，就会异化，不打自垮。”

见证今天许多青少年的浮躁和压抑，这位耄耋老人更加笃定自己的这一人生信条——科学文化和人文文化交融，两翼齐飞，不可或缺。

破格录取的偏科少年

“生于乱世，长于乱世”是杨叔子幼年生活的真实写照。

从五岁开始，杨叔子随家人踏上逃难的路途，先后辗转南城、黎川等地，没有条件去上学，但学业却不曾荒废。

早年追随孙中山先生，身为革命元老的父亲杨赓笙亲自授课，教杨叔子和哥哥杨仲子念古文、读古诗，用《诗经》、四书、《唐诗》、《古文观止》等传统经典为他打下了深厚的国学基础。

抗战胜利前夕，只上过一年小学的杨叔子跳级进入江西中学。后来杨家重返家乡湖口，杨叔子也转回了湖口初级中学。

一心向学的时光里，他也有过少年意气。

化学课上，有些调皮的杨叔子受到了老师的批评：“杨叔子没有化学头脑，学不好化学。”他当真和老师较起劲来，从此就不好好学化学了。

这样的意气差点儿改写了这个后来成为蜚声中外的机械工程专家的人生。

中考时，杨叔子投考一江之隔的九江市同文中学，险些落榜：

▲ 2012-11-21 科学道德与学风建设宣讲教育报告会 王乃彦、杨叔子院士宣讲（彭汉明摄影）

他的语数外成绩几乎满分，但是物理、化学却远不及格，其中化学只考了可怜的25分。

“假如放在今天，想都不敢想。”杨叔子后来得知，之所以选择录取他，同文中学的领导们看到他几近满分的语文、数学、外语成绩时，首先想到的是，“这个孩子语文、数学、外语学得这么好，物理、化学还会真的差吗？”

果不其然，学校里你追我赶，拼学习、比成绩的气氛感染了他。他沉下心来努力学习，物理、化学成绩迎头赶上，到第一学期末，成绩已经跃居班上第二名。

让杨叔子无限感慨的是，多少年后，即使是已经做了大学校长的他，遇到和自己当年情形相仿的学生，想帮一把，却有心无力，“今天的硬性标准不能扬其长，避其短，牺牲掉了一部分有禀赋的孩子”。

▲ 杨叔子院士在人文讲座上

在同文中学读完高一后，南昌解放，刚满16岁的杨叔子又考入了另一座声名远扬的学校——南昌一中。

“因为经常转学，春季转秋季，秋季转春季，我中学前前后后念了八年。”动荡的岁月拉长了杨叔子中学生活的时间尺度，也让他收获了难忘的记忆。

尽管就读的都是当地名校，但物质生活十分艰苦，往往一点儿米饭加几个辣椒就打发一餐。然而，“弱国弱民”的年代，老师和同学们心中的报国之心也越发炽热。

其时，老师不多，却德艺双馨。所有领导包括校长，有些是欧美留学归来的，都必须亲自授课，“一片赤忱”。

同文中学数学老师黄问孟毕业于金陵女子大学，不到30岁，上课总是一身旗袍。教室里有一点儿不安静，她就不开讲，但讲起课来，有条有理，重点突出。考试时，常常在黑板上写下“光荣考试”就飘然而去，却从未发生过学生作弊的事。

南昌一中校总务主任吴子彦老师“煮床”的逸事，杨叔子至今难忘。学生寝室卫生条件差，木床里面臭虫多，咬得学生难以入睡。吴子彦掏钱买来砖石、水泥，与工人一起垒起大灶，架上大锅烧水“煮床”，才把臭虫彻底消灭。

“独立思考在中学就要养成”

1952年，国家百废待兴，怀揣工业报国梦，数学成绩总是第一名的杨叔子做出了让很多人大跌眼镜的决定：他没有选择数学专业，而是报考了武汉大学机械系，院系调整时，该系并入华中工学院（现华中科技大学）。

初入大学，教学环境宽松自由，不少习惯了中学课堂灌输式教育的学生突然“一切要靠自己”，有些无所适从，杨叔子却游刃有余，“因为我在中学时就已经养成独立思考的习惯了”。

“很多人认为大学学习要靠自己，中学则有老师在就行，这样的观点有问题。”杨叔子以自己的经历现身说法，“早想明白了，才不至于迷失方向。”

战胜数学这个拦路虎，是杨叔子独立思考的启蒙。

直接步入高小，因为只会“子曰诗云”，没有学过算法口诀，杨叔子数学经常只考几分，“加法马马虎虎，减法迷迷糊糊，乘法稀里糊涂，除法一窍不通”。

面对最基本的数学运算，他觉得“莫名其妙，百思不得其解”。

29除以7，为什么要商4，他愣是弄不明白。杨叔子不认输，整整半个多学期，苦苦琢磨。

一天晚上，他灵光一现，一下顿悟：“除法就是‘试试看’，29除以7，商1、商2、商3都有多，商5又不够，商4刚好余1。”

“一通百通”，进入中学后，数学成了杨叔子最拿手的科目，也对他日后学科交叉的科研创新产生了不可估量的影响。

“人一能之己百之，人十能之己千之。果能此道矣，虽愚必明，虽柔必强。”杨叔子常借《礼记·中庸》里的这句话来自勉。

在这个从小背诗拼不过哥哥老是被打的科学家看来，思考能力的形成不是与生俱来的，“‘九层之台，起于累土’，后天的勤奋最重要”。

在华中科技大学，杨叔子一家30年吃食堂的故事广为流传。他留校成家后，全家天天吃食堂，几乎不在家里开火。杨叔子和夫人徐辉碧教授算过一笔时间账，买菜、洗菜、做饭、洗碗，一顿饭比在食堂要多花一两个小时，“时间太宝贵了，还是去食堂划算！”

在国门还没有完全打开的年代，睁眼看世界需要充分掌握外文知识。华中科技大学的老同事们至今自叹不如，每次和杨叔子一起坐火车出差，晚上车厢内的灯熄了，正在背单词的他没有停下，拿起单词书径直走到了厕所门前，借着门口微弱的光线继续背了起来。

有一次，杨叔子到邮局发信，路上还不忘背俄文单词。结果从邮局回来，才发现信仍揣在口袋里。数十年前的笑谈而今已成杨门弟子口口相传的逸事。

艰辛的付出让杨叔子几乎成了一本“活字典”，别人不认识的单词，他张口即出，先后掌握了英、俄、德等多门语言。

精通外语使得杨叔子可以第一时间学习国外的先进技术。20世纪八九十年代，国内高校纷纷发展交叉学科，杨叔子敏锐地看到了机械工程与自动化、计算机技术的融合前景，是中国最早一批提出机械制造人工智能发展方向的学者。

“中学文理分科培养的是1/4的人”

1994年，一封在校学生的来信吸引了时任华中理工大学校长杨叔子的关注。

这位学生在信中提出一个困惑：为什么中国大学生英文考试不及格，拿不到学位证，但他们用汉语写文章，错别字一大堆，用词不妥、造句不通、文章不顺，照样拿学位？

杨叔子将这封信带到了学校的最高行政会议——校长办公会上。

在他的提议下，一个我国高等教育史上里程碑式的决定诞生了：不论本科生、硕士生、博士生，必须通过学校组织的“中国语文水平达标测试”，不合格者不予颁发学位证书。同时，系列人文讲座也在他的倡导下开始创办，成为大学校园一道全新的风景线。

一场声势浩大的“人文风暴”由此发端，并迅速席卷全国，清华大学、北京大学、南开大学等名校纷纷加入人文素质教育的大潮。

他多年后回顾，这封来信是“天赐良机”。从小学习国学经典，浸润在优秀传统文化中的杨叔子早已痛感当代大学生传统文化和人文素养的缺失，尤其是在理工科为主的高校内，问题尤为突出。

在美国访学时，一位美籍华人的喟叹让杨叔子记忆犹新：“大陆来的留学生ABC很好，XYZ（指数学）很好，可惜不太了解黄河、长江，不太了解文天祥、史可法，对《史记》《资治通鉴》都不怎么了解。”

这番话与杨叔子多年的观察正相契合。

在他看来，今天的教育是错位的，学校和家长眼中盯的都是北京大学、清华大学，是上重点大学，却不注重人格的培养，“孩子们从小被送去培优班，幼儿园学小学，小学学中学，中学学大学，到了大学再来教孩子不能打架”。

从20世纪90年代开始，杨叔子一直在公开呼吁取消中学文理分科，改革中小学课程体系，开展素质教育。

“文理分科培养出的是1/4人，甚至是1/8人”，“没有科学的人文是残缺的人文，没有人文的科学是残缺的科学。”在许多公开场合，杨叔子都毫不留情地直陈其弊：“分科太细，甚至学工的不懂理，更不懂文，学机械的不懂电气，学制造的不懂汽车，如何能有交融和创新？”

多年来，他对自己的博士生有一个广为人知的严格要求，就是博士论文答辩前要先背《老子》，后来又加上了《论语》的前七篇。

这一“另类”要求也给杨叔子带来了不少争议，但是看过越来越多的青年人浮躁、焦虑、压抑，他坚信自己是对的，“背是形式，真正想要的是在潜移默化中让学生浮躁的心宁静下来，让人的精神升华起来”。

杨叔子坦言，这其实是在补中学，甚至小学的“课”。多年奔走大学、中学讲坛，他有一个一以贯之的观点，那就是“要先育人，后制器”，“两者相辅相成，缺一不可，第一位是育人”。

（张从志、谢婷婷、雷宇，华中科技大学杨叔子院士家中）

个人简介

杨叔子，1933年9月生于江西湖口，我国著名机械工程专家、教育家，1991年当选为中国科学院院士。

1952年考入武汉大学，院系调整后进入华中工学院（今华中科技大学），1956年毕业，同年加入中国共产党。1980年成为系里的学科带头人，47岁破格晋升，成为当时湖北省最年轻的两位正教授之一。1985年，与师汉民教授等解决了一项世界难题，成功研制出“钢丝绳断丝定量检测系统”。

他立足于机械工程领域，把机械工程同控制论、信息论、系统论紧密结合，致力于同微电子技术、计算机技术、信息技术、网络技术等新兴技术领域交叉的研究与教学，特别是在先进制造技术、设备诊断、信号处理、无损检测新技术、人工智能与神经网络的应用等方面取得一系列成果，共荣获国家自然科学奖、国家发明奖、省部级科技奖20项，专利5项，在国内外发表学术论文500余篇，出版专著教材12种，获国家级、省部级教学、图书重要奖励13项。

1993年，杨叔子出任华中理工大学（今华中科技大学）校长。在担任校长四年多的时间里大力推行大学生人文素质教育，还应邀在清华、浙大等国内百余所院校举办人文讲座300余场，吸引了30余万人次的听众。由他任编委会主任、汇集国内高校人文讲座精品的《中国大学人文启思录》一书，已发行数十万册。

一问一答

问：经历了人生的各个时期，您认为哪个时期对人成长是最关键的？

杨：中学是人成长最关键的时期，很多院士也认同这个观点，中学对一个人的人生观、价值观和学习方法的养成有重要影响。现在很多人认为大学靠自己、中学靠老师，但我认为这句话或许是不对的，和他人不同的是，我在中学时期便养成了独立思考的习惯，以至于我到了大学并没有什么太大的变化。

问：您是中国最早提出来机械人工智能的专家学者，您可以分享一下取得如此成就的心得吗？

杨：首先我们要站得高，看得远，能够紧跟世界科研的前沿，要懂得世界科学的发展趋势是什么。其次，我取得的一些成就十分得益于我的数理基础与外文功底。具有一定的外文功底，对于我查看外文资料，紧跟世界潮流有着很大的帮助。其实语文对科学的研究也十分有益，有利于提升自身的思维扩散能力。

问：您认为学生的学习成绩跟个人的天赋有关吗?

杨：需要一些天赋，但后天可以补救。后天的勤奋甚至更重要，不能半途而废、似是而非，而要拼命钻研，把所有的事情想透。同文中学的语文老师讲过的一篇文章让我印象深刻，“天下事有难易乎，为之，难者亦易矣，不为，则易者亦难矣”。遇到困难就要看你努不努力，努力才能让事情变简单。我认为人要既聪明，又肯努力，才能取得成就。

延伸阅读

◎杨叔子院士

▲ 杨叔子（绘：田晶）

杨叔子生长于美丽的鄱阳湖畔，闻名遐迩的石钟山下，山湖灵秀之气，钟祥其家。杨家家学甚渊。其父杨赓笙、义父李烈钧时称江西的“一文一武”。杨赓笙，早年摒弃科举功名，追随孙中山先生投身民主革命，并担任过孙中山先生的秘书，是“二次革命”的主要领导人之一。后来，他被迫流亡海外，奉中山先生之命，在马来西亚创办《光华日报》，继续宣传革命。孙中山曾称著诗赞他：“疾风知劲草，板荡识忠臣。”

杨叔子三四岁正逢湖口连连旱灾、虫灾、洪灾，百姓啼饥号寒，哀鸿遍野。杨父深感百姓之艰，曾写道：“痴心默向苍茫问，可有慈航渡万家。”杨家并不宽裕，但还是竭尽全力接济灾民。

幼年时，为躲避日军的战火，杨叔子跟随父亲四处避难，在逃难中，杨赓笙告诫全家，宁可“投河自杀”，也不做亡国奴。父亲的言行在杨叔子幼小的心灵中埋下了爱国为民的种子。

“打猪草”的故事

1952年，杨叔子为了响应“到祖国和人民最需要的地方去”，单纯而朴素地理解国家工业化，选择了工科专业，进入武汉大学，1953年院系调整入华中工学院（后改称华中理工大学，现华中科技大学），学习机械工程知识。大学期间，他刻苦钻研，后以优异成绩提前留校任教。

1960年1月，他与高中同学徐辉碧结为连理。两年后，徐辉碧从北京调入华中工学院，两口子开始了朴素温馨的家庭生活。

1963年12月，杨叔子在北京出差，25日接到学校电报，要求他在北京、天津、济南、沈阳四地为学生落实好原拟去的毕业实习工厂，特别是学生膳宿事项。他迅速处理完手头工作，马不停蹄地，白天联系实习工厂，晚上坐火车赶往下一个城市。短短7天，杨叔子奔波转战四个城市，落实好了一切事宜，在元旦前夕赶回了家中。由于当时通信不便，那几天徐辉碧收不到他的消息，在家急得到处设法打听。

“文化大革命”期间，杨叔子也受到很大冲击，被下放至咸宁劳动锻炼。有一天，领导要他去“打猪菜”，但是，从没养过猪的他并不知道猪菜长什么样，又不能向农民问，怎么找到猪菜成了摆在他面前的一道难题。

但是，出乎领导意料的是，不到一上午，杨叔子便把猪菜打了回来，并且超额完成了任务。领导追问起来才知道，原来，他想了个办法，就是把猪赶出去，猪吃什么他就打什么。后来，“杨叔子院士打猪菜”也成了许多人津津乐道的故事。

吃了三十多年食堂

持之以恒，孜孜以求的治学精神，使得杨叔子在学校很有名声。1980年，47岁的他成为当年湖北省最年轻的两名正教授之一。

1981年底，杨叔子赴美威斯康星大学麦迪逊分校（University of Wisconsin–Madison）做高级访问学者，飞越太平洋上空，他写道：“腾空越海异乡行，志在攻坚岂在名？”在美国，杨叔子如饥似渴地钻研新技术交叉领域学问，掌握了大量的国际科研前沿知识。

回国之际，与他的导师美籍华人吴贤铭教授合作的《时间序列分析及工程应用》讲义产生，回国后，他立即把这一成果作为研究生的学科新课程，使国内学生尽快学习到前沿知识。

在先进制造技术、设备诊断、信号处理、无损检测新技术等

▲ 1991 年科研试验

领域，他取得一个又一个重大成果。“钢丝绳断线在线定量检测”当时连外国同行专家都叹为棘手：“对钢丝绳断丝进行准确的定量检测几乎是不可能的。”

杨叔子和师汉民教授以及他们的团队接下这一项目后决定采用电磁无损定量检测方法，并通过计算机自动处理，来判断断丝的位置和根数。但由于当时计算机设备运算能力有限，他们只能采取“人换机不停”的方式，1984年的除夕，一吃过团圆饭，他们就继续投入战斗，经过200多天的奋战，终于研制出一套精确的检测系统。这一成果运用到实践当中，大大地节约了运行成本，减少了安全事故的发生。

一个个的成就不是轻易取得的。从杨叔子自己结婚到孩子结婚的36年里，除了特殊情况，一家人平时都在食堂吃饭，夫妇俩几乎没有周末、节假日，也从不逛街。他们对此回应道：“我们的时间实在不够用！”

作为教育家的杨叔子

在人们给杨叔子的标签中，教育家是一个必选之项。他也常常说教书育人是自己一辈子的事业。

对学生，杨叔子的尽心尽力令人动容。据他的学生讲，有时冬天早上六七点钟，学生们还在被窝里，他就拿着修改后的学生论文到了寝室，把论文放在桌子上就走。论文经常被修改得密密麻麻，甚至连句法、语词的错用，他都一一纠正，治学之严谨使学生心生敬畏。

在重大科研项目中，杨叔子也充分给予年轻人选择参与的机会，努力创造开放式的科研氛围，成就了一批又一批的学子。在杨叔子指导的研究生中，已有100多人获得了博士学位，指导的博士后已有10多人已经出站，可谓桃李满天下。

除了自己亲手带的学生，杨叔子还通过讲座的形式将自己的教育理念传达给了更多的人。据统计，杨叔子院士在有关单位已举办讲座400余场，吸引了30余万人次。即使在八旬高龄，只要身体允许，他还是坚持多为同学们讲讲课，他说自己“有贡献就无比幸福”。

他的讲演旁征博引，精彩纷呈。他曾讲，中国优秀传统的人文精神，一是爱国主义，“人生自古谁无死，留取丹心照汗青”。二是有骨气，“富贵不能淫，贫贱不能移，威武不能屈”。

他对科学与人文有过精辟的阐述。科学，是一种知识、认知体系，本身要解决的问题是辨别真假，是求真，如果对世界的真假分不清楚，怎么分得清善恶；人文社会科学，不仅是一种知识、认知体系，还是一种价值体系、伦理体系，不仅包含了辨别真假，而且更着重于区分善恶。真是善的基础，善必须为真导向。

（本文据湖口县志办副主编潘柏金撰写的《杨叔子院士其人其事》一文改编）

正是中学时代重视培养动手能力，为后来厕所旁的简易实验室里，拉出了中国第一根实用型光纤“埋下了重要的伏笔”。

今天青少年所处的时代环境不一样了，经济条件越来越好，家长都愿意把最好的东西给孩子；但是另外一面，可能给孩子的东西都是一个很好的成品，不需要再去做矿石收音机，也不需要再去做模型，“锻炼、磨炼的机会少了”。

——赵梓森

偏科少年爱好发明创造，兴趣指引

『中国光纤之父』的人生方向

好专业比名牌大学更重要

◎ 赵梓森院士（1932年2月4日—2022年12月15日）

赵梓森院士至今清晰地记得，十多岁时带着弟弟花了几天时间制作矿石收音机，最后爬上高高的屋顶，却没有接收到信号时的失落。

彼时青春少年无法想象，半个世纪后，自己凭借创新让千家万户用手机就可以实现千万里的通话，成为“中国光纤之父”。

经年之后回首，他感慨正是中学时代重视培养动手能力，为后来厕所旁的简易实验室里拉出了中国第一根实用型光纤“埋下了重要的伏笔”。

▲ 赵梓森院士

年少时制作矿石收音机、航模飞机、小马达的经历，尽管常有失败，但在玩的过程中发现了兴趣，培养了创造能力。而为了兴趣的他，放弃名牌大学两度高考，只因为“学不适合我的专业，将来工作了也不会做出成绩”。

赵梓森多次鼓励今天的学生在初中之前应该多玩，在玩的过程中发现兴趣，培养创造能力。但他直言，所说的玩“不是沉迷电子游戏”。

面对青年学子的成长之惑，耄耋老人殷殷寄语，“兴趣是最好的老师，指引人生的方向”。

偏科少年
动手能力强为科研创新埋下伏笔

1932年2月，赵梓森出生在上海一个普普通通的家庭。父亲是百货公司的售货员，母亲靠做缝纫活、销售小商品贴补家用。

母亲小时候曾卖给一个医生家里当丫鬟，医生家不一样的生活让她感受到了知识的重要性。虽然夫妇俩都没有读过书，但在时势多艰的岁月，供养家里的八个孩子都上了大学。

母亲怀孕7个月生下赵梓森，由于早产，幼年的赵梓森个子很小，稍有风吹雨淋就会生病，两次伤寒，还差点儿夺去他的生命。

少年赵梓森早早就意识到，人活在世上，一定要有一副好身板。在学校里，他爱上了美术、雕刻、集邮、做模型飞机、打乒乓球……更多的时间，他泡在足球场上，练就了好球技，身体也越来越结实。

有一次上海虹口公园有一场专业比赛，正上初中的赵梓森和几个同学一起去看球，中场休息时，一群懵懂少年就自己跑到场中踢球，三四个同学都抢不到赵梓森的球，有专业运动员看着有意思专门跑过来抢，结果赵梓森每次挑球从运动员的腰间溜过，赢得全场一片掌声。

儿时，兄妹八人，家中负担沉重。年少爱玩的日子里，买不起玩具，赵梓森就想方设法自己制作。

看到别人有玩具飞机，自己的零花钱不够，胶水贵，他就买丙酮和废弃的乒乓球壳融合来制作胶水；买不起螺旋桨，就找来木块自己削；把竹子劈开削细成竹丝弯起来再糊上纸，做成机体。

没想到，这个“比一个小孩还大”的模型飞机，在上海学生模型飞机比赛上获得第六名，时任国民党上海市长吴国桢亲自给赵梓森颁奖。

尝到甜头的赵梓森越发对手工制作着迷。他带着弟弟尝试组装矿石收音机，买不起半导体，就把矿石敲碎后用火加温使铜氧化，自制检波氧化铜，然后钉上弹簧指针，装上耳机。

然而当他们兴高采烈地爬到屋顶去检测时，却没有收到任何信号——原来，能检波的是氧化亚铜半导体。

看似“小打小闹”的发明创造，让赵梓森的数理化成绩变得非常优秀，“制取氢气，就涉及化学问题；做模型飞机，不懂几何就不行；做小马达，更离不开物理”。

初中化学老师龚叔云的激励同样影响这位“中国光纤之父”终生。因为欣赏他勤动手、爱钻研的好品质，龚老师曾专门写信鼓励已经读高中的赵梓森。信中那句“你以后一定会成为科学家”的话语，无数次萦绕在追梦少年的心头。

他也展示出了一个典型的偏科少年让人忧心的一面。

需要背诵的英语、历史、地理等文史类学科，他常常距离及格线都很远，数理化班级排名前几位，但一综合，就跌到了倒数。中考时，赵梓森勉强考上上海一所很差的高中。

“不读书，你将来的工作就是去扫马路。”母亲的警告振聋发聩，让赵梓森终于意识到，“即使你不喜欢你也要学，起码要及格，否则你就考不上大学，没有实现梦想的基础”。

两次高考
“好专业比名牌大学更重要”

赵梓森的高考经历，既波折又励志。

1949年中国解放，高中毕业的赵梓森面临考大学这一重要的人生抉择。

中学时成绩并不突出，他不敢报考学费便宜但难度较高的公立大学理工科。而且解放前，3个姐姐都上了学费昂贵的私立大学，这个懂事的男孩为减轻家庭负担压力，最终报考了国立浙江大学农学院。

进入学校后，他发现二年级全是细胞学、生物学等需要大量记忆的课程。苦苦坚持了一年，赵梓森得出一个结论，“自己根本不是念农学院的料”。

他下定决心，重新高考。

让赵梓森至今感念的是，尽管家中经济拮据，开明的母亲还是支持了自己的想法。

第二年，赵梓森考上了复旦大学。“报的是物理系，结果因为成绩没达到，被录到中文系。”

这一次，赵梓森更加坚定了自己的选择，放弃复旦，辗转来到私立的上海大同大学电机系学习。

1952年，全国高校院系调整，大同大学被合并到上海交通大学。赵梓森如愿找到了自己感兴趣的电子通信学科。“由于专业都是自己喜爱的，所以门门课程都是优秀。”

“好专业比名牌大学更重要。”多年后，面对青少年高考专业如何选择的提问，赵梓森用自己的成长历程现身说法，“要了解自己，找到适合自己的专业，将来一定有前途，兴趣是最好的老师”。

在他的建议下，成绩并不是太优秀的女儿高考后没有选择读名牌大学的普通专业，而是报考了南京邮电学院的信息专业，“因为专业学得好，本科毕业后很快就在美国找到了工作”。

大学毕业后，赵梓森被分配到武汉电信学校（武汉市邮电科学研究院的前身）做了一名中专教师。走上讲台初为人师的赵梓森，才发现自己的大学并没有读好。“当时课程改制，大学只读3年，许多重要课程被压缩，教书后发现学生所用的苏联教材我自己都不懂。”

课余时间，赵梓森就在家里自学，从大一的课程开始，重学微积分、概率论、外语，一直把研究生课程都学完了。

为了看懂外国杂志、与外国人讨论交流，赵梓森每天增加记忆20个单词，把前一天背过的单词再背一遍，上午、下午各背一次，三个月下来背完了一本简明英语字典。

“虽然我没有读过研究生，但实际上就相当于研究生水平了。”几年后，赵梓森对自己充满自信。

领导见他喜欢科研，又把学校3个实验室交给他负责。整天泡在实验室里的他如鱼得水，乐此不疲。

指导学生做实验之余，他就做自己感兴趣的实验，常常思考这个实验为什么会这样，如果用别的方法能不能做。“这样我的知识水平很快就提高了。”

赵梓森的同学中流传着一个“4年和40年”的故事。

在一次上海交大的同班同学聚会上，有位学习成绩一直排在他前列的同学惊讶于赵梓森院士的成就，毕竟大学里通信知识教得少，他又没上过研究生，毕业后分配的也只是一所中专。

“你学4年大学有什么用啊？我是40年天天都在学。”他就此解密，一个能够有所成就的人，并不是只靠大学的4年来学习，而是在工作后坚持不断地学习。“只要你有本事，中国正在建设阶段，不怕英雄无用武之地。”

赵梓森至今清晰地记得，当时一起到学校的年轻老师，很多觉得在中专教书很容易，平时都在打牌、下象棋，但自己每天晚上在家里一学就是几个小时。

是什么力量促使自己40年如一日坚持学习钻研？赵梓森的回答只有两个字，“兴趣”。

“土法”创新
年轻人理论与实践不可偏废

中学时代锻炼了动手能力，毕业后坚持学习打下了扎实的理论基础，犹如齐飞的“两翼”，很快就助推赵梓森迎来了人生的高光时刻。

1969年国家邮电部将立项研究多年而长期鲜有突破的“大气激光通信项目”转给武汉邮电学校。

项目紧急，而实验所需的重要设备平行光管要一年以后才能到货。赵梓森从小练就的“土法上马”大显身手，他采用太阳光做平行光源来代替平行光管进行校正，仅用两天就突破了。

一年多工夫，项目组里光大气传输通信距离从8米飞跃到10千米。当大家欣喜万分时，赵梓森却很淡定，大气传播光通信技术受天气影响大，一旦碰上雨、雪、雾等天气，就无法完成通信，“总不可能下雨下雪，老百姓不打电话吧”。他意识到，搞大气传输光通信就是走死胡同，必须寻求新的方法。

1972年底，赵梓森从一本外国杂志上看到美国正在研究“光纤通信”——利用玻璃丝进行通信。他在湖北省图书馆翻阅大量资料后，了解到美英等发达国家已经在研制光纤通信技术并取得了初步的成功，他敏锐地意识到，用玻璃丝搞通信，可能会引起一场通信技术的革命。

今天人们习以为常的光纤，在当时很多专家看来都是“天方夜谭”。认准的事自己干，在单位厕所旁的清洗室里，他们搭建了一个简易实验室。利用一台破旧机床、几盘电炉、几只烧瓶，开始研制工作。

功夫不负有心人。历经一次又一次的失败和挫折后，1976年3月，赵梓森团队拉出一根7米的玻璃细丝，这是中国第一根石英光纤。

1979年，中国第一根具有实用价值的低损耗光纤面世。三年后，中国老百姓真正开始用光纤打电话。

2018年，武汉邮科院研发的光纤，一根可实现67.5亿对人同时通话。中国的光通信技术成为继美国、日本之后的世界第三大技术强国，市场占有额占到全世界一半以上。

在和青少年交流时，赵梓森常鼓励大家勇于创新，争做创新型人才。

赵梓森认为，在创新性的研究中，理论和实践的能力都很重要。“我并不是单单的数理化好，也不是单单的喜欢动手，两者结合得很紧。”

如何培养创新的能力？赵梓森建议，今天的青少年虽然被天天上课给“框”住了，但可以带着求知、寻找问题的方式进行学习，甚至怀疑。为什么会是这样？可不可能是那样？老师讲得是否有道理？用这种方式学习，相信能培养出创新的能力。

“初中之前小孩子不玩，创造能力就没了。”赵梓森鼓励时下的初中生要多玩，不是普通的玩游戏的玩，就像自己当年做航模、做收音机，是在玩的过程中，不断去创造、去创新，不断碰到问题，不断去解决问题。

赵梓森也注意到，今天青少年所处的时代环境不一样了，经济条件越来越好，家长都愿意把最好的东西给孩子；但是另外一面，可能给孩子的东西都是一个很好的成品，不需要再去做矿石收音机，也不需要再去做模型，“锻炼、磨炼的机会少了”。

自己最初捣鼓光纤时，也曾被人讥讽“异想天开”，这让赵梓森笃定，“发烧友”式的实践适合搞创新，就在于背后不人云亦云，敢于提出个人看法，有时还需要奇思异想。“一旦迷恋，废寝忘食。”

（雷宇、王雅兰、胡林，武汉邮科院赵梓森院士家中）

个人简介

赵梓森，1932年2月4日生，广东省中山市人，光纤通信专家。1995年当选为中国工程院院士。

1953年毕业于上海交通大学。国家光纤通信技术工程研究中心技术委员会主任、武汉邮电科学研究院高级技术顾问、邮电部科技委委员。

早在1973年就建议开展光纤通信技术的研究，并提出正确的技术路线，参与起草了我国“六五”“七五”“八五”“九五”光纤通信攻关计划，为我国光纤通信发展少走弯路起了决定性作用。在20世纪70年代末，组织研制生产出我国的首批实用化的光纤光缆和设备。作为技术负责人、总体设计人，先后完成了我国第一条实用化8Mb/s、34Mb/s和140Mb/s等6项国家、邮电部光缆通信重点工程，其中有3项工程获国家科技进步奖二等奖。在20世纪90年代，领导开发的光纤通信产品大面积推广应用，取得显著经济效益。

作为我国光纤通信公认的开拓者之一，因发展中国的光纤通信技术和工业所作贡献，1997年被IEEE电机电子工程师协会授予“Fellow会士”荣誉称号。

一问一答

问：青年时代最难忘的人是谁？

答：最难忘的人就是我妈妈。我父亲是百货公司的售货员，我母亲开了个小商店，卖牙膏牙刷，家里没有钱，我妈妈踩缝纫机做活赚钱让我们念书。最后家里有八个兄弟姐妹全都考上大学了。为什么？我的妈妈在清末民初家里很穷，自身没有读过书，卖给了医生做丫头。到医生家里一看，这医生是有知识的，原来知识那么重要，有知识那么了不起。妈妈就说我家里的子女，所有的子女，我无论如何要让他上大学，所以我妈妈很伟大，了不起。

问：现在有一些学生沉迷于网络生活，您在中学时最痴迷的是什么？怎么处理兴趣和爱好的关系？

答：那时候没有网络，我的爱好就是做模型飞机、拉小提琴。做模型飞机使我喜欢数理化，拉小提琴使我喜欢音乐。小时候，我做的模型飞机还在上海的比赛中获得了第六名。老师不教我们做模型，学校也没有，是出于个人的爱好。做模型飞机至少有两个困难：第一，胶水很贵。做模型飞机的丙酮胶水，实际是赛璐珞（塑料）融化在丙酮里，丙酮挥发，胶水就变成固体。而我后来发现，乒乓球和丙酮经过处理可以替代丙酮胶水，节省了费用；第二，螺旋桨也很贵，所以我就自己把木头削成螺旋桨。做机身则是用竹丝，用竹头的丝弯起来，再糊纸。这个竹丝也得自己做。

20世纪50年代我自己做电视机，因为没有钱。那时候不是这种电视机，是大真空管的屏幕。像发烧友一样，搞科技时会沉迷进去，迷到可以忘记吃饭、忘记睡觉，迷得什么时候都在想自己的问题。有一次我在马路上，边走边想科学问题，结果一脚踩到修马路的沙坑里面了——就迷到这种程度。

问：把薄弱的学科慢慢补起来的过程，要突破一些什么样的东西？

答：工作之后我在中专里当老师，很多大学生都在我们中专当老师。其他一些老师晚上不备课，就在打扑克，下象棋；我课余都在抓学习。当时苏联的大学教科书翻译成中文卖到中国来，我拿来一看却看不懂。我读大学的时候，国家需要建设，我们的课程因此非常精简，很多重要的知识也都被精简掉了。我突然明白，原来大学几年根本没有怎么学到东西，因此我决定在课余把大学的课程全部重学一遍，而实际上最后我已经学到研究生的课程了。在这三年期间，我把英语单词重新背，每天增加20个单词，每天要背两次，一次早晨、一次下午。

问：您怎么看这些年教育科学界热议的“钱学森之问”？

答：因为很多基本的东西，大家都已经创新了，要再创新就很难了，没有一些大的基础设施就无法深入。比如牛顿发现了地心引力，他看到苹果落地，就可以了，不需要很多设施。而现在你想发明，没有一些大的装备很难，因为基础的东西大家都已经发现了。这已经不是牛顿看苹果掉地上的时代了。所以要创新很难，但并不等于绝对不能，也有少数的创新并不一定需要装备。

延伸阅读

耄耋老人的快乐科研路

◎赵梓森院士

▲ 赵梓森（绘：高欣妤）

青山掩翠，碧水笼烟。在位于东湖之滨的武汉邮电科学研究院院士室里，我又一次见到了热情幽默的科学家赵梓森。

三年前的那个夏天，我第一次见到这位瘦小的老人。在此之前，严肃、不苟言笑就是我对科学家们的整体印象。但赵梓森完全出乎我的意料。耄耋之年的他精神矍铄，风趣幽默，丰富的肢体动作伴随着生动诙谐的语言，精干而又可爱。

时隔三年，院士室的摆设变了，赵梓森脸上的皱纹变深了，但是不变的是他妙趣横生的话语和积极乐观的态度。

作为中国工程院院士，赵梓森有着很多科学家共有的特质，那就是热爱科学。但与众不同的是，他的科研之路，更多的是建立在快乐和“玩”上。

赵梓森被誉为中国“光纤之父”，这是武汉邮科院人最津津乐道的事。但很多人并不知道，这个“光纤之父”是他“玩”出来的。

“小时候玩得太厉害了！”回忆起自己的童年时代，赵梓森露出顽童式的笑容。小时候的赵梓森兴趣广泛，对一切新鲜的事物都充满了好奇。他爱玩的东西很多，而且都玩出了名堂。美术、雕刻、集邮、拉小提琴、打乒乓球、踢足球，都是他心仪的活动。除此之外，他还做过模型飞机、小马达、氢气球、干电池。小小年纪的他用偷偷节省下来的钱去买酒精灯和试管，找老师要些药品制作氢气和氧气，做成了在20世纪四五十年代少有的氢气球。他还做成了矿石收音机，兴致勃勃地爬上屋顶去收信号。对于赵梓森来说，研究的过程是最快乐的。这个乐于挑战未知事物与困难的贪玩少年，深得老师们的喜爱。化学老师特意写信给他，鼓励他长大以后成为科学家。这封饱含期望的信，让幼时的赵梓森深受鼓舞。

▶ 音乐伴随着赵梓森的青年时代

对这段童年往事，赵梓森曾感慨地说：“没有一个科学家是不热爱科学的，但怎样才能热爱科学呢？依我看，热爱科学的性格是在儿童时代养成的。要引导少年参与各种科技制作活动，培养他们对科学的兴趣。我经常工作学习一整天都不觉得累，因为工作学习已经成为我的乐趣，这是我获得成功的重要原因。”

赵梓森的“玩”建立在对科学的热爱上，所以他总能在“玩”中发现新问题。新中国成立初期，22岁的赵梓森大学毕业后被分配到武汉电信学校当老师。这是武汉邮科院的前身——武汉邮电学院升级为大学前的一个中专学校。那时学校不大，教书任务也不重，给赵梓森留出很多业余时间。白天没有课的时候，他就钻进实验室研究各种实验；晚上别人在下棋打牌时，他就看书。用赵梓森的话说，“二十出头的年纪，小青年一个，对什么都好奇”。1956年，苏联的大学用书译本出版，大学毕业的赵梓森居然看不太懂。他自感大学时学到的知识浅薄，于是花了三年时间，用苏联的大学用书将相关课程重新学习了一遍，还特别学习了数学系的一些课程，这为他后来的光纤研究打下了扎实的理论基础。1958年，中国开始了“大跃进”运动，武汉电信学校由中专学校升级为大学。由于数学教师不够，学校让赵梓森担任教学培训班的教师，他成为教大学老师的老师。

因为喜欢搞研究，赵梓森在武汉邮电学院里逐渐小有名气。“文化大革命”期间，一个有关大气传输的项目从北京邮电研究院下放到武汉邮科院，但进展甚慢。那时的武汉邮电学院由军代表管理，出于对赵梓森的信任，军代表决定让当时还是“臭老九”的他来啃这块骨头，并提升他为研究室副主任。这正中赵梓森下怀——对一切未知事物，他都乐于探索。

赵梓森带着好玩的心理，开始了项目的研究。当时武汉有一座最高的标志性建筑——水塔。贪玩的赵梓森把水塔当作“试验田”，不亦乐乎地爬上爬下做大气传输实验。赵梓森和同事们用了不到两年的时间就完成了大气传输的课题。原来最多只能传输8米的大气光通信，赵梓森和他的同事将这个距离延长到10千米。

但是赵梓森在研究中发现，大气光通信会因雾、雨等天气的影响而中断。于是，他又苦苦思考新方案。20世纪70年代初期，赵梓森听说玻璃丝可以通信，美国还成功地做出了30米的玻璃丝样品。为此，赵梓森特意到北京拜访刚从美国访问回来的科学家钱伟长。在钱伟长那里，赵梓森得知美国正在秘密发展光纤通信。这坚定了赵梓森研发属于中国自己的光纤通信的决心。1979年，在赵梓森和同事们的不懈努力下，武汉邮科院拉出了中国第一条实用光纤。至此，赵梓森“玩”出了一个“光纤之父”的头衔。

“光纤之父”是“玩”出来的不假，但可别就此以为赵梓森的成功是信手拈来的。在最初接手光纤通信的项目时，困难远远超过了想象。绝大多数人不知道也不相信光纤－玻璃丝可以通信。然而，和很多科学家一样，赵梓森有着一股钻劲和韧劲，一旦确立了目标就绝不放弃。

“文化大革命”期间，想了解外国情况根本不可能，更别谈到国外去借鉴学习了，赵梓森只能跑到湖北省图书馆寻求信息。“图书馆里只有一本资料，全英文版。当时的大学不学英语，我通过自学勉强能看懂资料。可是图书不能外借，更没有复印机这样先进的东西了，只能一页一页手抄之后带回去给同伴讲解。”回忆起当时的困难，赵梓森记忆犹新。

“除了信息的闭塞外，原材料的缺乏也给当时的研究造成不少困难。做玻璃丝得有四氯化硅这种原材料，但国内没有，又不能去国外买，只能自己制作。不仅要做四氯化硅，还要制作做四氯化硅的仪器，仪器做成还需有测试成功与否的测试仪器、激光器、探测器、通讯机等。”重重困难让很多人望而却步，却没有动摇赵梓森钻研科学的韧劲。他找武汉大学化学系教授帮忙，绞尽脑汁地用蒸馏法、吸附法……一切能用的办法都被赵梓森用上了。

现在的项目研究，往往是国家拨款单位支持，大家千方百计地保证项目的顺利。但在那个特殊的年代，赵梓森面临的最大难题是很多人不相信能做出光导纤维。没有金钱支持，没有领导重视，几乎一切都从零开始，甚至还常有人设置障碍，但这并没有影响他搞研究的决心。

除了这些困难之外，光纤通信的研究条件也十分艰苦。很多研制过程都有毒、有危险，需要冒着极大的风险。有一次做激光实验时，一次意外差点儿冲瞎了他的眼睛，他被紧急送进医院抢救；还有一次实验，赵梓森遇到了氢气回火爆炸，幸好有保护装置，才没有生命危险。“实验室就好比战场一样，一时不慎就随时都有生命的危险。”但是赵梓森挺过来了，“科学研究不是个轻松活儿，但再难也不能放弃！”

在赵梓森的领导下，光纤通信研究一步步取得了成功。1979年，中国的第一条实用光纤在武汉邮科院诞生。这个历史性的诞生凝结着赵梓森无数晶莹的汗水和艰辛的努力，也让赵梓森成为中国光纤通信领域公认的开拓者，中国“光纤之父”的称号由此流传开来。但是赵梓森并不喜欢这样的头衔，更愿意归功于别人。“那是我们很多同事一起经历过无数次艰难险阻做出来的成绩，功劳是大家的。”

好奇与探究的天性不仅让赵梓森在科学上取得了成功，还让他的业余生活丰富多彩。几乎每个认识他的人都慨叹，这位“贪玩”快乐的老人，简直就是金庸笔下那个武功盖世而又童心未泯的“老顽童”。

2004年光博会上，赵梓森应邀作光纤通信报告。在台上他一点鼠标，投影银幕上弹出一个让观众垂涎三尺的画面——一个热气腾腾的盛满蹄花的大碗。台下顿时笑成一片。风趣的赵梓森想借此表达，光纤到户不仅需要光纤带宽这个空碗，更需要像蹄花肉这样实实在在的内容。尽管光纤入户能带来诸多好处，但目前由于缺少光纤播放需要的高清晰节目，光纤与普通宽带相比没有太大优势。这样浅显的解释，让不懂光纤的观众也听得津津有味。而他的机智诙谐，曾在很多场合令人捧腹不已，以致中国杂技家协会主席夏菊花建议他去当相声演员。

赵梓森弹出的三维画面是亲手做的，堪称专业水准。“画个碗太简单了，米老鼠也是小菜一碟。”在赵梓森的电脑里，保留着青少年时代大量的得意之作。无论是工人素描、劳动模范速写、卡通画，还是水彩画、油画和雕刻，丝毫不逊色于大学美术专业学生的习作。而接触到时髦的三维动画，缘于在复旦大学教书的弟弟有次提到三维动画中立体人头难画，人头中又属耳朵难画，这激起了赵梓森的兴趣。经过研究，他认为难画的原因是当时使用的软件3DS不便于修改，于是引入Auto-CAD与之结合，一个月后画出了惟妙惟肖的三维人头，连耳廓里细微的脉络都清晰可见，让人佩服不已。

小提琴也是赵梓森的“副业”之一。“你看我脖子上凸起的茧块，就是常年拉小提琴导致的。”赵梓森指着脖子笑着说道。年少时的赵梓森爱好小提琴，且琴技不俗。他常说，拉小提琴可以陶冶情操，更能磨炼意志。而这种坚持的毅力与科学研究的韧劲是相通的。直到现在，住在邮科院社区的邻居们，每天都能听到从他家传出的悠扬的琴声。

2008年奥运火炬传递到武汉时，赵梓森看着电视上的奥运火炬，突发奇想，决定自己也要当回奥运火炬手。他做了个与真火炬同样大小的硬纸片火炬，里面装上了小风扇、红色发光管与塑料条，远看就像真火炬一样。他还印了件祥云图案的文化衫穿在身上，举着自做的火炬在小区院子里喜滋滋地照了张相。“我是冒牌火炬手。”照片上，这位年近八旬的“老顽童”看上去十分可爱。

与赵梓森说话，总能感觉到他充满了活力。“在院里，我们常常看到赵老忙碌的身影。他说话做事总是风风火火，一刻也闲不下来。”武汉邮科院的人这样形容赵梓森。

从武汉电信学校的教师，到武汉邮电学院的讲师；从武汉邮科院研究室副主任，到武汉邮科院副院长兼总工程师，几十年来，赵梓森成为武汉邮科院的一面旗帜。退居二线后，赵梓森仍然兢兢业业地坚守在岗位上，担任高级技术顾问，参与院发展规划的审定，为院里的科研把关。赵梓森说："我从不喜欢无所事事地闲着。如果每天都在学，每天都有一点点进步，多年积累下来，水平就会很高。"

光纤通信技术是世界新技术革命的重要标志，这一领域的人才一直十分抢手。冲着"中国光纤之父"的名头，国外曾有不少人欲高薪聘请赵梓森出国研究，都被他婉言谢绝了。因为他要将自己的一生所学奉献给祖国。赵梓森说，因为国家及省市领导给予了他极大的荣誉，更因为他离不开与他一起走过艰辛历程的同事们，这种同甘共苦的经历和情谊弥足珍贵。所以，他愿意终生奋斗在武汉邮科院的工作岗位上。

赵梓森今年已经80岁了，但是工作日程仍然安排得满满的：参与审定院科研发展规划和科研检查，做学术报告和讲学，参加国际会议和学术交流，整天忙得不亦乐乎。就在我结束采访的第二天，赵梓森又要应天津市科委之邀，飞往天津作学术报告了。我请他多注意休息，赵梓森却笑呵呵地说，一切的忙碌都源于他心底对科学的那份热爱。

（资料来源：余智梅，《国企》2011年5月）

穿越时光的尘烟风雨，这位即将迈入鲐背之年的科学大师说，反弹效应理论的意义远远不止于作物，逆境对今天的青少年来说有着不可替代的价值，“在逆境中的成长能让人受益终身”。

——茆智

『旱地里的庄稼能长出半层楼高的根须，一场大雨后生长最快』

逆境中的成长让人受益终身

◎ 茆智院士（1932年9月20日—2023年1月13日）

20世纪60年代，水利学家茆智做橡胶树灌溉试验研究时发现了一个奇怪现象：在土壤湿度高土地里生长的胶树生长得快，在土壤较干土地里的胶树生长得慢；但是在一场大雨或是一次充分灌水后，土壤含水率低的土地上原来生长得慢的胶树，反而生长得更快，原来生长得快的胶树，生长速度未变甚至退减，被原来生长得慢的胶树超过。

他和学生用了几十天的时间挖掘树根，找出了埋藏在地下的秘密——干旱地里的胶树，根能长出半层楼高，多是有活力的白根（吸收根），而原来较湿土壤里的胶树，不仅根浅、分布范围小，而且有许多黑根、烂根。

由此，茆智创造性地提出了作物受旱后再灌溉生长发育的“反弹效应”理论，并推广了数千万亩农田。之所以“反弹”，他认为是在外界环境不利的“逆境”条件下，生物自身发展了适应此“逆境”的器官与能力。

今天，让很多从物质贫乏年代走出来的父母费解的是，在蜜罐里长大的青少年一代，他们的烦恼似乎并不比上一代少，而且面对困难时似乎更加脆弱。

穿越时光的尘烟风雨，这位即将迈入鲐背之年的科学大师说，反弹效应理论的意义远远不止于作物，逆境对今天的青少年来说有着不可替代的价值，“在逆境中的成长能让人受益终身”。

童年经历让他确立了一生的志向

1932年，茆智出生于江苏省江浦县。江浦东南倚长江，西北枕滁河，曾有“京都拱卫”“京师屏藩”之称，自古墨香浓郁。

这是一个知识分子家庭，茆智的祖父曾创办了全县唯一的一所新式教育的学堂，并做过江浦县第一任教育局长；父亲20世纪20年代毕业于东南大学（民国时期中央大学前身）理科，终身在中学、大学任教。

抗战烽火中，五岁的茆智跟随着家人，途经湖北、湖南、贵州等省，一路流亡，到了九岁，最终来到四川合川县（今重庆市合川区）。

读高小的时候，小学在合川近郊，茆智家住在设在远郊的国立第二中学高中部宿舍，上学单程要走一个多小时。由于家穷，春、夏、秋三季，茆智基本上是赤脚走路，少数日子穿草鞋，冬天里则是穿草窝子保暖。

从1941年至1946年，茆智父亲在国立第二中学任教。国立第二中学是一所由江苏省几所重点中学合并迁来合川的国立中学，主要招收由苏、浙、皖、沪几省前来的“流亡学生”。父亲在该校任教导主任与数学老师。在此期间，父亲经常邀请即将毕业的学生来家里夜谈，鼓励他们去报考重庆的中央大学，并且教育他们：“一定要为了国家学习、为人民学习。”

昏黄的夜灯下，父亲的身影和唠唠叨叨的话语成为茆智儿时最生动的一堂人生大课。

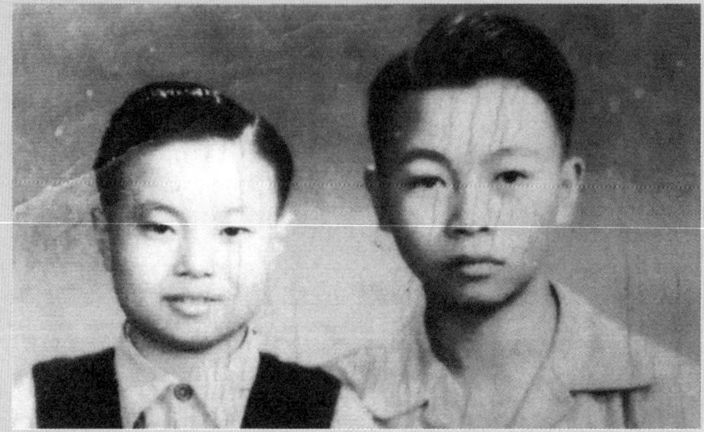

▲ 1946年初中毕业前夕

▲ 1986年8月茆智（前排左二）参加全国灌溉试验新技术研讨班

上小学时，茆智每天都要从一片片水田之间的小径中走过，那些道路窄小难行、泥泞不堪。川渝多雨，每次暴雨过后，路和桥都被洪水淹没，无法通行；河流上飘着猪牛羊的尸体，河水发出腥臭味，一群群的苍蝇围在河道上徘徊……灾难深重的场景深深刺激着年幼的茆智，让他终生难以忘怀，暗自决心长大后要治理这些水患。

1943年末，茆智还有一个学期就小学毕业了。此时恰逢国立第二中学的春季班招考，已经自学完小学内容的他提前报考了初中，并被成功录取。

国立第二中学初中的宿舍建在一座山上，而教室与操场则在山脚下。茆智数过，从山上到山脚的路上共有128个台阶，正同抗战时轰动的“一·二八”事变吻合。

踏着这128级阶梯，茆智来回往返了三年的岁月。为了保持师生们的战时警惕性，学校会不定期地进行紧急集合，每次号声响起，茆智都要立刻冲出宿舍往山下飞奔，集合地有时模拟防敌机轰炸，有时模拟抢救伤员。

其时，校园生活条件艰苦，但是学校拥有一流的师资。来自扬州中学、苏州中学等国内著名的重点中学名师荟萃，连军训教官都是黄埔毕业。

茆智至今清晰地记得，音乐老师的唱歌一流；会说书、会唱京剧，二胡拉出的流亡曲更是每每在幽怨的旋律中让人泪流满面。

课业之外，茆智养成了良好的生活习惯。学校每天检查学生宿舍，然后给干净整洁的床铺颁发“清洁券”作为表彰。在“清洁券”的吸引下，茆智每次都认真打扫卫生，他叠的被子，总是像豆腐块一样规整。

国立二中在合川的8年，培养出的人才灿若星辰，仅两院院士就有14位之多。去年去世的大地测量学家宁津生院士，正是茆智当年的上下铺同铺学友。同校、同班、同宿舍、同铺出了两位工程院院士。

国家危难之际，救亡图存的气息弥漫在校园的每一个角落。同学们学习氛围浓厚，或许是继承了教数学的父亲的优秀基因，茆智的代数和几何几乎都是满分。他还一度报考了空军少年学校，只因年幼体弱未被录取；也曾目送过两船高中学长参加远征军，心有戚戚。

抗战胜利后，国立第二中学迁回江苏。茆智也跟随父亲一起，辗转于常熟中学、南京第三中学就读。

新中国成立后，茆智就读于当时的南京大学（民国时候的中央大学），1952年全国高校院系调整，南京大学水利系与华东区四所大学的水利系合并，成立设在南京的华东水利学院（今河海大学）。其毕业班学生宿舍设在校外楼房内，楼房与大门间是一个大庭院。茆智住在二楼宿舍中的上铺。一个下雪的周末，为防寒，各宿舍全是门窗紧闭，茆智喜欢透气，夜晚把床旁的窗户开一条缝。深夜，有几位同学因进城看电影深夜回来，敲大门，各房因门窗紧闭而听不见，茆智则因开了门缝，听见敲门声，于是下楼冒雪为其开门。不久，学生会成员改选，因这次开门事情当选为全校学生会福利委员。

印象最深的就是南京刚解放后，正读高二的茆智自愿报名参加解放军南京市军事管制委员会敌伪档案清理组，在伪总统府做档案清理工作，目睹了代总统李宗仁办公室里居然还有麻将，“国民党的腐败堕落可见一斑”。

高中毕业时，茆智毫不犹豫地在自己的第一志愿里填上“水利”，决心治水防灾造福人民。“立志做大事，不做大官。”儿时目睹的水患场景、同父亲的谆谆教诲指引一起，用了近10年的时间穿针引线，最终将这个梦想慢慢织成。

“问题少年”与科学大师

学生时代的茆智，思维活跃，让老师“又爱又恨”。

参加国立第二中学的春季班招考时，茆智同往常一样，从水田间的小径取道前往学校考场。倒霉的是，那天的小径上正来了一只大狗。为了不耽误考试，茆智鼓足勇气，斗争了十多分钟才把狗赶到水田里。那时正考语文，自己错过了开考前老师对试卷进行解释的时间。

匆匆拿到国文试卷，茆智看到作文题栏里只写着“见黑板”三个字。他误认为题目是“黑板”，于是他洋洋洒洒，从黑板写到粉笔，从粉笔联想到老师，从而完成了这篇作文。

直到走出考场和同学讨论时，他才得知，黑板上写着的才是他们国文考试的作文题:《旧历新年的景象》。

做好了接受落榜打击的心理准备，茆智最终却意外迎来了国立第二中学录取通知。判卷老师笑他异于常人的思维，也赞叹他绝佳的联想能力。这段逸事也在校园里广为流传。

在茆智看来，他能写出这篇文章更多地在于平日的积累。他热爱读书，几乎能背诵《钢铁是怎样炼成的》，也偏好一些人物传记类的书，牛顿、爱因斯坦、张衡等古今中外学者的传记故事就像是一盏长明灯，“教给我要怎么去想东西、往哪里去想”。

放在今天的教育氛围中观察，其时的茆智甚至有点“叛逆”。

▲ 早期图片

读高小的时候，老师对他的评价是“品学兼优、刻苦学习”，在缺点那一栏，老师也写上了四个字：“交友宜慎”。

茆智不服，跑去找老师理论，要求改过来，“我跟老师说，虽然老师担心坏学生会影响我，但是难道我不能影响坏学生吗？我把他影响过来，难道这不是好事吗？”

在课堂上，思维活跃的茆智也常常能将枯燥的上课时间充满乐趣。在国文课上，老师讲述着“去世”的几种隐晦说法，比如“仙逝”“辞世”“离世”，等等，然后邀请同学们举例。茆智大声回答道：“翘辫子！”全班哄堂大笑。

在背诵《长恨歌》时，背到末尾“在天愿作比翼鸟，在地愿为连理枝”时，茆智想：那在水里应该是什么呢？最后他得出了自己的答案：“在水愿为对虾”，还得意地同老师同学分享。

▲ 茆智院士在美国考察人工湿地

“老师们大概对我都是又爱又恨的，对我打也不是、不打也不是，”茆智笑着回忆道，“我不像一些人那样乖，也不循规蹈矩，满脑子都是问题”。

用茆智的话来说，正是他“叛逆”的思维让他对一些公式和原理明白得极其透彻，在此基础上才能有之后的创新。“我以前老是纠结的那些问题，几十年后都记得原理。这和老师教给我们死记硬背的东西是不同的，这是我自己推导出来的，也将终身为我所用。”

回溯科学大师的人生道路，常常能在这些青少年时期的故事里找到成长的影子。

大学刚毕业时，他跟随苏联专家学习三年。在二十出头的年纪，他就曾怀疑过当时指导自己的权威专家推导出的作物需水量计算公式是否正确，为此连续三年做田间试验，在20世纪50年代末提出了以水汽扩散原理为基础，以日照、气温、风速与栽培水平为指标的分阶段计算水稻需水量的方法，成为我国最早的按成因理论计算需水量的经验方法之一。“这样的怀疑与质疑恰恰就是创新的思维点。”

茆智得意的是，自己在质疑和坚持中扭转了国际同行关于节水灌溉的观念。

国外几个很著名的灌溉科研单位，如国际水稻研究所、国际水管理研究院等原来一直笃定的概念是：水稻节水要减产。然而，与茆智他们协作两年以后，外国同行就改口了，认为“水稻节水至少不会减产”。协作三年后，国外同行正式承认了茆智的成果，认为水稻节水灌溉，既节水还可以增产，于是又继续与茆智小组合作了一个国际新项目，题目为“既节水又高产的中国水稻节水灌溉技术”，在澳大利亚等国开展试验研究与应用。

“年轻人要敢想敢创新，敢向老师挑战，敢跟老师讨论。现在教育的最大弊病就是，培养出来的学生不想创新，不敢创新，也不会创新。”在走进青少年的讲座交流中，茆智常常借用钱学森的话谆谆告诫。

茆智把做学问比作瀑布，蔚然壮观的瀑布，都是山泉、荒溪一点点地汇集，经历无数沟溪、狭窄的河谷和舒缓的河床之后遇到陡峻崖坎，最终爆发出惊人的能量。在他看来，这些年少时发散的思维、“杠”过的问题，恰是自己学术生涯中的涓涓溪流。

“逆境中的成长让人受益终身”

中学时，为了参加英语演讲比赛，茆智熬坏了眼睛。

光线好的白天要用来上课，到了晚上，教室里光线很差。茆智就在这样的环境中写着英语作文、看着英语书，坚持了整整一个学期。

"我的眼睛就是那个时候近视的，"经年之后回首，茆智坦言从不后悔，"感兴趣嘛，感兴趣的事你做起来是很忘我的。"

"兴趣是成就的第一导师"，他引用美国一位诺贝尔奖得主的话激励青少年。在茆智看来，正因为有兴趣，那些做学问的小溪、小河才能有"源头"，才能让学生有耐心去钻研，并且从中获得幸福。"而培养兴趣要从中学开始，大学是关键阶段。"

在一次进入瓜地挑选西瓜的经历中，茆智无意间发现了长在西瓜地里的几株水稻，按其密度分析，亩产稻谷几百斤。这次奇特的经历让他对水稻可以无水层生长深信不疑。他钻进研究室，潜心钻研"水稻无水层灌溉"的原理，他一点点地减少水量、每一次都比上一次实验更节水，最终提出了水稻高效节水、持续高产、能保持土壤肥力的灌溉新技术。

"这些都是偶然的，但是偶然里也有必然。"对茆智而言，这些机会无疑是关键的，但是更重要的还是他长达数十年的兴趣带来的敏感度。"你要对这些新东西、怪东西感兴趣，机遇自然也就来了。"

他由此出发，在田地里划定三块地区做起实验。其中一块给予充足的水源，一块中等，一块很干。

起先，在充足水源的田地里，作物生长得最好。但是在一场大雨后，茆智发现，原本长在干旱地里、长得最慢的作物增长最快，而原先长得最好的却裹足不前。

为了探究原理，茆智挖出了这些作物的根。生长在旱地里的作物长出了四通八达的根系，蔓延整个土层，坚韧、强悍。而那

▲ 1991 年在泰国曼谷给亚洲理工学院研究生上灌排试验课

些生活在充足水源里的作物，根浅、烂根多，一旦撤去水源，就将随时面临死亡的绝境。

“这样‘反弹效应’的意义远远不止于作物”，茆智从这个实验结果里看到了更多。“治学成人也应当是这样的，蜜罐子里长大的未必就是更好的，逆境对学生来说有着不可替代的价值。”

同自己那个时代相比，今天的中学生们无疑拥有更好的学习环境。但在茆智看来，“功利性”也成为今天学生们学习的毛病。茆智见过了太多“钻进钱眼子”里的学生，也因此更加强调“兴趣”的重要性。“只有有了兴趣，才能坐好冷板凳，才能把‘冷板凳’变成‘软沙发’。”

成长秘诀的关键词里不仅有“兴趣”。

由于提出运用作物受旱后“生长发育会反弹”来指导节水灌溉的理论与技术、水稻无水稻灌溉理论与技术、用成因分析法计算与预报作物需水量的方法与技术，等等，茆智获1996年国际灌排委员会颁发的“国际农业节水技术创新杰出成就奖”，在当年全球仅有茆智一人获此奖项。其中最后一项成果被苏联与越南主要刊物转载，写入我国统编农田水利教材，国际粮农组织知名水利专家的评价是“该方法比粮农组织向全球推荐的方法更实用、计算精度更高。”

2003年茆智当选为中国工程院院士。此后茆智率小组参加更多的国际合作试验研究工作，并提出了“四道防线”、高效削减稻田排水与渗漏——水中污染物质的理论与技术。

许多熟悉茆智的人都说，茆智最大的本领还不是节水，而是节省时间、珍惜时间。

茆智家距学校1小时车程，为了节省时间，除节假日外，数十年里都是一个人住在校内，在大食堂用餐。在海南岛做橡胶灌溉试验时，他住在试验胶园中专门搭建的茅棚内。这里无电、无自来水，经常受到蛇和白蚁的侵扰，在10里以外的华南热带作物研究所楼房里为他留有住房，但他在茅棚里住了3年，从未踏进过这栋楼房。

茆智坦言，自己人生最大的遗憾就是年轻时被种种“运动”耽误与浪费了大量宝贵的时光，而他最欣赏的座右铭则是“天才出于勤奋”。

在中央电视台为他摄制“东方之子”节目时，当主持人问他“如今你最需要的是什么”，茆智不假思索地回答：“是时间！假如有可能的话，我希望年轻二十岁。”

（刘嘉梅、陈宛吟、张晗、雷宇，武汉大学茆智院士家中）

个人简介

茆智，男，汉族，江苏人，1932年9月出生，中国工程院院士，教授，博士生导师。1950年8月至1953年7月南京大学、华东水利学院水利系本科（提前一年毕业），1953年12月至1956年7月天津大学水利系、武汉水利学院随苏联专家学习。

长期致力于农田灌溉研究、教学与生产工作，在灌溉工程及其用水管理的理论与技术方面有出色成就。

所主持研究的“农田节水灌溉方法”发展了农田节水灌溉的理论，具有深远的学术价值，并已推广166万公顷，增产粮食27.4万吨，节水13亿立方米，创造了4亿多元经济效益。作为第一获奖人，1995年以来获省部级二等奖以上奖励6项：国家科技进步二等奖，教育部提名国家科技进步一等奖和湖北省科技进步二等奖各一项，水利部科技进步二等奖两项，2000年国际灌排委员会颁发的“国际农业节水灌溉技术革新突出贡献奖”。此外，还获得全国科普作品二等奖一项和多项省部级科技进步三等奖，并被美国传记研究院评选为“近25年全球500名突出成就学术带头人”之一。近年来先后赴18个国家讲学，主持国际会议和在国际会议上作学术报告，主持国际合作的节水研究项目，获得国外同行的好评，为提高我国声誉作出了重要贡献。

一问一答

问：您跟青年学生讲过，“兴趣是成就的第一导师”，而且“兴趣的培养从中学开始”，如何理解？

答：做学问就像瀑布，雄伟的瀑布，都是山泉、荒溪一点点地汇集，经历无数沟溪、狭窄的河谷和舒缓的河床之后遇到陡峻崖坎，最终爆发出惊人的能量。正是千百条细流汇聚起来，才形成了瀑布。人生的成长需要积累源头的“汇流”，“汇流”就意味着要拥有探索的兴趣，不能只想当瀑布、不想当小溪。

另外，还要善于抓住自己的“闪光点”，“闪光点”既有偶然的机会，也有必然的结果，必然中有偶然，偶然中也有必然，找到自己的“闪光点”就拥有了发现兴趣的可能。

问：您一直说，做科研要耐得住寂寞，要忌浮躁，但对于今天的青年学者来说，可能这个道理大家都懂，但是怎么去摆脱现实中的各种困境？您认为有哪些方法论的建议？

答：我认为所谓“方法”有两层含义，一是支撑自己的兴趣，二要想到对国家和人民的贡献，当你对某个东西感兴趣，真正“钻”进去了，即使坐的是“冷板凳”，但是自己感兴趣，有成就感，“冷板凳”也能变成“软沙发”。

延伸阅读

把论文写在祖国大地上

◎茆智院士

▲ 茆智院士的插画来源：杨沐尔 AI 制作

60余年岁月，茆智默默扎根节水灌溉理论研究与技术开发，研究成果覆盖水稻水分生产函数及稻田非充分灌溉原理、水稻节水灌溉与水肥综合调控、农业节水减排理论、农田面源污染治理和高效削减技术等方面，1992年至2001年间其成果便已在河北、湖北、广西、宁夏等地160多万公顷农田推广应用，增产粮食27.4万吨，节水13亿立方米，创造4亿多元经济效益，截至目前，成果仍持续惠及我国水稻灌区，其节水技术的大面积推广应用和显著经济社会效益在全国乃至全球产生了深远影响。2000年，作为全球唯一获奖人荣获国际灌排委员会授予的“国际农业节水技术突出贡献奖”；2019年，获全国农业节水领域的最高奖项——“中国农业节水科技奖——杰出成就奖”；还曾获国家科技进步一等奖、二等奖等众多奖项。

武汉大学在讣告中评价：茆智院士严谨治学、淡泊名利、潜心科研、厚积薄发，把一生奉献给了祖国的科研和教育事业，为我国乃至世界水利工程特别是节水灌溉领域的研究和发展做出了突出贡献。

厚积薄发：与水利“结缘”，立志做“大事”

1932年9月，茆智出生于江苏省江浦县的一个知识分子家庭。江浦东南倚长江，西北枕滁河，曾有“京都拱卫”“京师屏藩”之称，自古墨香浓郁。

茆智的祖父创办了全县唯一的一所新式教育学堂，父亲终身在中学、大学任教。父亲时常邀请学生来家中夜谈，鼓励他们：“一定要为国家学习、为人民学习。”昏黄夜灯下，父亲的谆谆话语成为茆智儿时最生动的课堂。

抗日战争期间，5岁的茆智随家人离开南京，一路流亡，辗转湖北、湖南、贵州等多省，至抗战胜利，才重返家乡。背井离乡的8年，他多次遇到山洪暴发、江水泛滥，目睹洪水淹地毁屋、灾民四处流离……这一切在少年茆智的心中留下了深深烙印，治水安民的“种子”也开始悄然发芽。他下定决心要为“中华之崛起而读书”，练就治水防灾、强盛国家的本领。

国家危难之际，救亡图存的志气弥漫在每一个角落。高中毕业时，茆智毫不犹豫地在自己的第一志愿里填上“水利”，决心治水防灾造福人民。1950年，茆智考取南京大学水系。大学期间，他勤奋努力，积累了大量的专业基础知识，为日后从事节水灌溉理论及实践研究奠定了坚实基础。

“孙中山‘要立志做大事’这句话对我的影响太深。”茆智曾笑着说。1953年7月，正值我国第一个五年计划正式开始实施，国家急需大量支援社会主义建设的科技人才，茆智积极响应国家号召，提前一年大学毕业，立志以自己的实际行动报效祖国。

“在填写毕业分配志愿表时，我只写了六个字：华北、东北、西北。”茆智曾表示，“当时号召要往艰苦的地方去，所以我就想去北方响应号召；另外，那时想去一线的人比较多，做教师的人少，学校号召大家去当老师，我也算是响应号召，就去了河北农学院水利系”。

1955年，茆智被调入武汉水利学院农田水利系任教，开始数十载的农田水利教学、研究与实践工作。“节水灌溉就是要采取最有效的技术措施，使有限的灌溉水量创造最佳的生产效益和经济效益。”20世纪80年代，茆智就曾表示，“水资源短缺已严重制约着我国农村经济的发展，成为制约农业可持续发展的‘瓶颈’。大力发展节水灌溉，是我国缓解水资源供需矛盾的必然选择。”为此，他也越发坚定地锚定农业节水领域，特别是在农田灌溉基本理论及应用研究上深耕细作。

在日复一日地潜心科研和教学中取得了出色成就，他的多项成果处于国际领先水平。如“水稻水分生产函数及稻田非充分灌溉原理研究”等成果填补了国内外空白。曾被美国传记研究院评选为“近25年全球500名突出成就学术带头人”。学术研究与授业解惑，就如同两条互相交织彼此相长的经纬线，一直是茆智人生中孜孜不倦的追求。

潜心科研：敢为人先创新，上下求索前行

回顾60余年的科研生涯，茆智紧跟国家战略需求，积极致力农田水利基础理论和应用的创新突破，不仅把研究成果写在论文中，更落实到了具体实践中，开发出易于接受和掌握、适宜推广的低成本节水灌溉技术。他把所做的节水研究总结为四句话：高效省水，持续高产，有利生态环境，与其他农业技术最合理配合。为了这四句话，他敢为人先、深入探索、勇于创新。

20世纪50年代，借助苏联专家来华指导契机，茆智跟随水利专家学习农田水利技术。20岁出头的他，就曾对国际上普遍采用的作物需水量计算公式的应用合理性产生过疑问。于是开始大胆探索，连续3年做田间试验，认为“应根据需水量的成因，用影响需水量的直接因素分阶段计算需水量”，率先提出了以水汽扩散原理为基础，以日照、气温、风速与栽培水平为指标的分阶段计算水稻需水量的方法，成为我国最早的按成因理论计算需水量的经验方法之一，被中国南方一些灌区采用、国

外水利刊物推广介绍。“这样的怀疑与质疑恰恰就是创新的思维点。”

同样是在缺乏相关国际研究和试验先例的情况下，茆智主持橡胶灌溉研究。橡胶作为当时国家重要的战略储备物资，其重要意义不言而喻。为发展我国橡胶产业，20世纪60年代，他率20余名师生进驻彼时还是一片蛮荒之地的海南，一干就是3年，后又到雷州半岛做橡胶灌溉试验。“发现橡胶产量有一个很有趣的规律，每逢下雨，第二天的橡胶产量就会升高。我于是有了一个大胆的推测，如果给橡胶灌溉，会不会促进橡胶的产量呢？基于这一想法，我就开始行动了，期待通过科学的实验与数据，给予这一推测以实际的证明。”茆智曾回忆道。为此，近4年的时间里，茆智带领课题组开展田间试验，不间断观测、记录数据，茆智更是直接入住田边的茅草棚。白蚁啃噬床柱导致床板坍塌，耕田时竹叶青爬到手上……这些都没有让他退缩。在他看来，“用实践数据证明自己的理论设想，是最快乐的事情”。

功夫不负有心人，长年的野外调查、实地测试，让他得到了一组组扎扎实实的数据，成为深入探讨橡胶灌溉效应及其原理、胶园灌溉系统规划设计等基础，组织撰写的《橡胶灌溉》一书，是世界上在该领域的唯一专著；许多成果成为开发海南灌区的重要依据，填补了多项国内外研究空白，还为他后续创造性提出利用作物受旱后再灌溉生长发育的“反弹效应”提供了创新思路。

20世纪80年代以来，茆智主持10多项国家及国际节水灌溉重大科研项目，提出作物需水量与灌溉实时预报方法、水稻水分生产函数和非充分灌溉、水稻节水高产降污的灌排与水肥综合调控模式等系统成果，引领国内外相关研究。灌溉实时预报方法经过在河北、湖北、广西等地的试验和应用，促进农作物的节水高产，受到国际组织高度评价，认为“提出了一整套创新的方法，较联合国粮农组织推荐的方法更先进实用”“理论上更完备，计算精度更高”，成果被鉴定为国际先进水平。水稻水分生产函数及稻田非充分灌溉原理研究，荣获1996年国家科技进步二等奖。

茆智认为，科学研究要学会抓住过程中偶然迸发的灵感，并与专业知识结合考虑。在一次偶然经历中，茆智得知西瓜地里掺杂的几株水稻长势良好，激发了对水稻可以无水层生长的灵感。他一头扎进研究室，潜心钻研“水稻无水层灌溉”的原理，一点点地减少水量，每一次都比上一次实验更节水，最终提出水稻高效节水、持续高产、符合农业可持续发展要求的灌溉新技术，打破了国际上对“节水灌溉技术会对产量产生不良影响”的普遍认识。

于是，20世纪90年代末期，国际农业研究中心（澳大利亚）、国际水稻研究所、国际水管理研究院等多家国际科研机构与茆智的课题组在湖北漳河灌区联合开展试验，后又在中国南北方分别开展试验。“试验结果更使国外研究者坚信中国水稻节水灌溉不仅节水而且增产。”茆智曾说道。由于在国际上的影响力，茆智被欧洲共同体选定为在华研究节水项目的负责人之一，也被多家国际研究中心选定为在华合作水稻灌溉研究项目的中方负责人。他还先后赴18个国家讲学，推动我国水利领域国际学术声誉的提高。

新世纪初期，在面源污染逐渐成为全球水环境的主要污染源的情况下，茆智又着手研究占据主导地位的“农田面源污染”这一亟待解决的问题。茆智认为：“农业面源污染最终对我们的饮用水、百姓餐桌食品都会造成污染。需要从源头防控，合理施肥、科学施肥、降低施肥量。”对此，茆智构建具有两套措施、四道防线的塘堰湿地—生态沟综合系统，提出解决农田面源污染的“四道防线”理念及相应模式与技术等。这些理论与技术经推广引起国内外广泛关注，试验研究表明，“四道防线”可削减农田面源污染物80%以上，效果显著。

犯其至难而图其至远。茆智坚持“大局观”，不断丰富农田灌溉理论发展研究内涵、拓展研究外延。从单纯的节水灌溉研究，到水肥资源高效利用，再到后期的农田面源污染防治，一步步实现了节水研究的范式升级，有效契合国家大力节水、水资源高效利用、水环境改善等不同时期的发展需求。

严谨治学：“科研是太阳，教学是月亮”

水利是农业命脉所在，农田水利专业设置的必要性不言而喻。对于科研与教育的关系，茆智认为“科研是太阳，教学是月亮”，教育作为学校发展的基石，有着不可忽略的作用，但同时教材要融合科研成果与时俱进，科研的进步能够促进教学的突破。

秉持这个理念，他在教学一线耕耘数十载，最繁忙的时候负责近千名学生的课业，一周上课时间多达32个学时。耄耋之年的茆智，仍在指导博士生，为人才培养不遗余力。

在教导学生时，他常强调，“搞科研最忌浮躁，一定要耐住寂寞，要胆大心细、实事求是、勇于创新”。在培养学生的过程中，他要求每个学生最起码要经历作物从播种到收割的完整周期，也会临时抽查自己的学生，要求在不翻阅资料的情况下，对试验

▲ 2006 年 4 月漳河灌溉调查

田地的基本数据熟稔于心。

“讲课理论结合实际，生动有趣，被同事们称为‘好好先生’。茆老师对年轻人的指导毫不保留，能给年轻人充分的自主研发权。同时注重国际合作，引领学生参与，培养学生的国际视野。”现课题组成员董斌教授回忆道。

“茆老师对学术问题非常严谨，搞科研脚踏实地，多次带我们去试验站参与试验，很多试验站都留下了他的身影。”博士生潘乐说。2010 年，在广西桂林灌溉试验站，为了找到一个适合做试验的生态沟和两处塘堰湿地，茆智带学生在野外勘测，细窄的稻田田埂在雨后泥烂、路滑难走，学生劝他不要去，但他为了切实了解实况，坚持前往。一个月内，近 80 岁高龄的茆智两次摔倒在稻田中，他却笑着说，“没关系，稻田泥软，不会骨折”。茆智就这样言传身教，以实际行动引领学生。

“茆院士经常教导我们，研究出来的理论不一定是完美的，一定要通过实践来检验”，要始终坚持实事求是探索的科研态度，形成“理论指导实践——实践反过来验证丰富完善理论”的循环创新探索过程，董斌表示。

武汉大学水利水电学院教授崔远来1991年毕业留校后，开始跟随茆智做科研，近30年深得熏陶，“茆院士是一个热爱祖国、学术严谨、充满真情的人。跟着茆院士做科研，潜移默化受到影响，不知不觉就培养了较好的学术习惯和生活态度”。

茆智曾多次借用钱学森的话告诫学生：“年轻人要敢想敢创新，敢向老师挑战，敢跟老师讨论。”他把做学问比作蔚然壮观的瀑布，由山泉、荒溪一点点汇集而成，经过无数沟溪、狭窄河谷、陡峻崖坎等层层关卡，方能爆发出惊人的能量。在他看来，年少时发散的思维、“杠”过的问题，恰是学术生涯中的涓涓溪流。虽忙碌，但茆智十分关心大学生成长成才，欣然与他们探讨交流，分享科研经验和心得体会，强调创新的重要性和突破点。

这种交流也逐渐变为一种“日常”，近90岁高龄的他还时常到实验室与青年教师见面交流。在茆智的影响下，校友康绍忠教授成长为中国工程院院士，武汉大学水利水电学院崔远来、王修贵、董斌、罗玉峰等均成为所在领域学术骨干。

与对科研教学的严谨执着形成鲜明反差的是，茆智在生活中极其随性自然、朴实无华。“茆院士平时穿着很朴素，他曾说要跟爱因斯坦学习，做一个生活中不拘小节的人。”其秘书刘萍表示，为节省时间，茆智一日三餐基本在学校食堂解决，一份饭，一份菜，再加一份汤，基本上是标配。“我曾多次劝他：您年龄大了，可以让找您的人到家里去。他却说：‘年轻人都很忙，我不能让人家等我’，宁愿麻烦自己，也不能麻烦别人，他一直是这么做的。”

斯人已逝，精神永存。茆智胸怀“国之大者”，矢志报国、敢为人先、无私奉献的精神，感动一座座城、润泽一方人，值得后辈缅怀和学习，在水资源领域树起了科学精神丰碑。

（资料来源：武汉大学新闻网https://news.whu.edu.cn/info/1005/69811.htm）

“诚实守信、刚正不阿、悉心钻研、锲而不舍、爱国爱家、宽厚待人。”张俐娜说，这24个字是父亲赋予她的宝贵财富。

——张俐娜

历经坎坷，46岁开始科研生涯，71岁成为百年学府武汉大学唯一女院士

是金子总会发光

◎张俐娜院士（1940年8月14日—2020年10月17日）

46岁才开始真正意义上的科学研究，从一个烧瓶、一支试管到创建国际一流的科研实验室，“半路出家”的张俐娜后来居上，在年过古稀之际，成为百年学府武汉大学唯一一名女院士。

同样是在那一年，张俐娜凭借世界首创的一种神奇低温水溶剂“秘方”，获得美国化学会安塞姆·佩恩奖，成为半个世纪以来获得该奖项的第一位中国人。

她是社会评价中的“大器晚成者”，她自己也常说自己是一只“笨鸟”，之所以成就事业，是因为付出了比他人更多的时间和精力。

然而，中学时代的张俐娜其实就已绽放出“金子的光芒”了。书香世家的耳濡目染、一流中学的勤奋学习，培养了她超群的自学能力和责任意识。

回首半个多世纪来的奋斗历程，张俐娜感恩中学时代。她说，中学时老师注重学生德、智、体、美的教育培养，为她后来因为特殊的家庭关系在逆境中克服困难、寻求发展机会，成长为“真正的科学家”，打下了坚实的基础。

从小被老师当“科学家”培养

1940年8月，张俐娜出生于福建省光泽县，祖籍江西萍乡。父亲毕业于清华大学，后担任江西师范大学图书馆馆长，母亲是历史学家谷霁光的胞妹，北京民国大学肄业，是一名认真负责的中、小学教师。

为了躲避光泽的流行疫病疟疾，1941年，张俐娜随父母一起回到江西上栗市。到五六岁的时候，她开始接触课本、走进课堂。

7岁时，因父亲需要离开当时执教的金山中学前往当时的国立中正大学，张俐娜与家人即随父亲搬迁至南昌。

张俐娜拥有良好的教育背景。父亲喜欢藏书，她从小学时就接触过许多中外名作，耳濡目染，让她养成了爱读书爱思考的习惯。由于是家中长女，父亲对她要求较为严格，这样促使小俐娜从小做任何事都有条有理，认真执着。

张俐娜读小学时，曾三度转学，幸运的是，教学环境的改变并未让她感到不适，学习也从未中断。

小学毕业，张俐娜考入江西省南昌一中初中部。入学时，她的成绩在21个班级排名中属于中上等；到初三毕业时，已经处于上等水平，一举考上了当地最好的高中——南昌市第一高中，后来改名为南昌市五中。

初中毕业报考师范还是报考高中，成为张俐娜人生的转折点，令她终生难忘。

1955年，张俐娜初中毕业前夕，适逢国家扩大中等师范学校招生，拟为农村及偏远地区补充小学教员。张俐娜响应号召，填报了师范学校。初中老师马叔南认为张俐娜当小学老师有可能

▲ 高三张俐娜留影

埋没她的潜能，向校长举荐说，张俐娜是块当科学家的料。校长遂以“组织决定”要张俐娜改填南昌市第一高中，当“未来的科学家”。

如果没有马叔南老师的甘冒风险、慧眼识珠，今天的科学界可能就没有人知道张俐娜。

“我很幸运，总是遇上学问好、有责任心的老师。”当时，马叔南对张俐娜语重心长地说：“要努力学习，报效祖国。”

这句话，从那时起就回响在张俐娜的耳畔，半个多世纪来一直激励她奋勇前进。

“我到了这么大的年纪，还拼命为科学技术拼搏，就是想让我们国家在生物质材料领域居国际领先地位。”75岁的张俐娜接受记者采访时说。

课堂笔记是最好的“秘密武器”

初中刚入学时，张俐娜身体很差，常常生病。为了增强体质，她开始跑步。结果一发而不可收，越跑越快，初三时，参加全校运动会拿了短跑第三名，这彻底激发了她跑步的兴趣。

高中后，张俐娜成为学校田径队和体操队的队员。体育老师为了激励张俐娜跑步，每当在操场上看到张俐娜，就让一些男生和她比赛，男生们总是跑不赢她。后来，张俐娜以江西省田径第二名的成绩参加了在青岛举行的全国首届少年运动会。

张俐娜在回忆这段历程时说：“体育运动对我学习成绩没有影响，运动锻炼了我的身体也磨炼了我的意志和毅力。”

在她看来，中学生就是要德智体美全面发展，才能走得更好、更远。

在学习方面，张俐娜不仅肯下功夫，而且讲究技巧，形成了一套自己的学习方法。

读高中时，她最喜欢上化学课，不爱笑的化学老师非常严格，但课上得很好。“我特别喜欢做实验，尤其是银镜反应实验。”采访中，张俐娜兴奋地比画起做实验的动作。在试管中，滴入适当比例的规定化学溶液，震荡、加温，试管内壁出现一层光亮如镜的银。这让少女时代的张俐娜充满了对未知世界的好奇。

张俐娜说自己记性并不好，在背书上不如别人。所以平时学习时，总是依靠理解记忆。比如化学方程式，她从不死记硬背，而是在实验中记忆。她花在化学上的工夫并不多，但化学成绩出乎意料地好，总是考5分（满分）。

每个成功人士的背后总有一套自己探索的“秘密武器”。张俐娜也不例外，她的“秘密武器”就是“自己的课堂笔记”。平时课上听老师讲课，课后再次回忆一遍，把老师的知识转变为自己的收获，并用简明的语句作总结记录，“你把它变成了自己的东西，就可以去主宰所有的东西”。

在数学公式的推断、几何方法的证明中，她擅长分门别类找规律，认真归纳，“如果你去死记硬背，你很快就会遗忘，而我是用心去做这件事情，变成自己的东西，就不容易遗忘”。

在自学计算机时，她在笔记本上记录每一个疑惑和解答，把答案写在纸上，也记在心头。以前从未接触过计算机的张俐娜，成了武汉大学第一批使用E-mail的人。

后来访日期间，自学日语，张俐娜超强的自学能力又派上了用场。她拿着字典看电视，一边看一边想，根据情节记忆对话和词组，每隔两天就和房东的太太用日语对话。至今，张俐娜还能与日本专家流畅地对话。

“激情是决定事业成败的关键”

初中时，张俐娜有一次在睡梦中被铃声惊醒。

她半梦半醒地说：“我还没睡够呢，我梦见我上了莫斯科大学（那个时代所有的宣传都称，莫斯科大学是世界上最好的大学）。”

室友听后，有的嘲笑她异想天开，有的笑她做国外名校读书的白日梦。可是谁也未想到多年后张俐娜不仅去国外名校留学，而且还去了不少名校作学术报告。

“很多东西需要约束，中学生处于心智不成熟阶段，也需要师长的用心引导。”张俐娜坦言，自己正是因为家长、老师的正面引导，才能够始终走在正确的轨道上。

舅舅谷霁光教会她“多向名师请教”的治学方法，让她受益终身。

在学习中有不清楚的地方，可以与同学相互讨论，但一定要请教有名的老师，问他的一些观点，让名师的学术思想和观点开阔自己的视野。这一点对她的影响很大，“用心向名师学习，才能做得更好”。

父亲的言传身教更是对她影响深远。

“诚实守信、刚正不阿、悉心钻研、锲而不舍、爱国爱家、宽厚待人。”张俐娜说，这24个字是她父亲赋予的宝贵财富。

也正是这样的教育伴随和支撑她走过特殊的年代。

1963年，张俐娜从武汉大学化学系毕业时也是优秀毕业生。但她的出身太特殊了，父母都是“臭老九”，堂伯父是张国焘，她

▲ 张俐娜院士接受采访

的档案被打入另册。毕业时她没能留校，而是被分配到北京铁道科学研究院。

多年后她辗转回到母校，46岁时，这位武汉大学昔日的高才生职称还是一名讲师，她终于从做衣服棉被、下“软而不烂、色香味俱全”面条的琐碎家务中解放出来，第一次有了自己的科研方向和实验团队。

铭记并秉承父亲的教导，张俐娜不但家庭和睦，而且做到了锲而不舍。

2000年元月，已经是武大化学系教授的张俐娜获得国家自然科学基金重点项目资助，开始了纤维素新溶剂及材料的研究。这一年，她60岁。这个年纪，许多人已经退休。

在长达十余年的研究后，这项科研结出硕果，被科学家们喻为“神话般故事”，张俐娜因此获得2011年度安塞姆·佩恩奖，这是国际纤维素与可再生资源材料领域的最高奖。

评委们认为，张俐娜教授带领的研究队伍通过开发一种神奇而又简单的水溶剂体系，敲开了纤维素科学基础研究通往纤维素材料工业的大门。

回首过往，她始终相信“天才出于勤奋”。

在她看来，既要动脑又要动手，同时用心做事，才能说得上真正意义的勤奋，而勤奋固然很重要，“激情更是决定事业成败的关键”。

张俐娜坦承，有爱才有创新的激情，爱是自己前进的动力，爱也成就了自己的人生，“我们那时候的教育是爱祖国、爱人民、爱劳动、爱科学，所以我从小就爱父母、爱师长、爱学习”。

张俐娜说如果没有对祖国和人民的挚爱以及对科学的热爱，自己就不可能在化学领域取得一些成就。

在青年一代的偶像字典中越来越少出现科学家的今天，这位历经坎坷、风度依然的老人寄语今天的中学生，“爱祖国、爱人民、爱劳动、爱科学”。

（刘振兴、谢婷婷、雷宇，武汉大学张俐娜院士办公室）

个人简介

张俐娜，中国科学院院士，教授，博士生导师。武汉大学化学与分子科学学院教授。1940年8月生于福建光泽。1963年毕业于武汉大学化学系，1985年赴大阪大学研究一年多。2011年当选中国科学院院士。Celulose、Journal of Biobased Mater-ials and Bioenergy和《高分子学报》等编委。

致力于高分子物理与天然高分子材料的基础和应用研究，涉及高分子物化、农业化学、环境材料和生物学交叉学科，其成果的原始创新性以及学术价值和应用前景已在国内外产生较大影响。发现了一种崭新的低温溶解法，开创了高分子低温溶解的技术及新机理，并已初步实行工业化试验；开辟了构建基于天然高分子新材料的途径及揭示其结构与性能之间的构效关系，创建了无污染、价廉、生产周期短的人造丝和玻璃纸生产新方法；揭示了多糖链构象及其构效关系，可推动食品和生命科学的发展。

近10年先后主持国家自然科学基金重点项目、国家“973”、“863”、国际合作等项目10多项，总经费约1300万元。基础研究成果已在国内外刊物发表论文410余篇，其中370篇发表在国际SCI期刊；主编专著3部；获准专利62项；获省级自然科学一等奖1项、技术发明一等奖1项；获国际上纤维素与可再生资源材料领域的最高奖——美国化学会安塞姆·佩恩（Anselme Payen）奖。

一问一答

1. 问：中学阶段，您认为对您影响最大的是什么？

答：我很幸运能在中学阶段遇到德才兼备的好老师。中学阶段是一个人价值观形成的重要阶段，中学老师的素养就决定了祖国未来的发展质量，老师必须肩负起为国家育人的重要责任。首先就要有师德，必须爱他的岗位、爱他的学生；其次要有责任心，言传身教，让学生学会去爱、有公德。所以今天，我们在选拔教师的时候，最重要的就是考察他的品德。

2. 问：现在孩子们学习的科目和压力越来越大，您觉得学会劳动还是必要的吗？

答：德智体美劳缺一不可，学会劳动才能学会生活。我们上学时有劳作课，还要做针线活，各种生活技能都要具备。后来，我带着两个孩子在北京工作，要做菜、做饭、做衣服、修炉子、生火，什么事情都自己做。劳动让人变得顽强，付出劳动之后，才能更加体味到生活的快乐。不爱劳动，懒散的人是不会有作为的。

3. 问：您前半生经历了很多坎坷，40岁才开始科研生涯，71岁才成为院士，您觉得这是幸还是不幸?

答：不要计较得失，只要你去努力，努力地去做，即使努力没有被别人看到也不要紧，是金子总是会发光的。努力没有被发现的时候就是积攒能量的时候。从小我的父亲就给我很多书，要爱学习，树立远大的理想。要爱劳动，要勤奋，不仅要动脑更要动手。要爱奉献，有爱心的人做任何事情都能做得好，爱奉献的人往往会很自然地得到回报。

延伸阅读

曾为毛主席专列研制刹车皮碗

◎张俐娜院士

▲ 张俐娜（绘：黄雨婷）

1963年，张俐娜从武汉大学化学系以优异成绩毕业，因出身特殊，家庭关系复杂，她没能留校，而是被分配至北京铁道科学研究院。在那里，她第一次体会到“成就感”。

据称，“文化大革命”初期，中国曾发生过较严重的列车事故，一列运载越南留学生的火车从广州开往苏联，在寒冷的北方某地因刹车失灵发生故障，尽管司机凭借经验和技术避免了翻车，但车体严重损坏，一车留学生吓得全趴倒在车厢里。

经调查分析，事故原因被认定为刹车皮碗失效。“由于橡胶不耐久，这种材料制成的皮碗在南方的使用寿命很短，而合成橡胶制品，尽管在南方经久耐用，但无法‘抵御’北方的寒冷，容易发硬、变脆。”

进入北京铁道科学研究院后，张俐娜接手的第一个任务就是研制新型的刹车皮碗。看上去一副“娇小姐”模样的她，常常要带着新研制的皮碗，独自跑到天寒地冻的荒山僻野——黑龙江大小兴安岭地区进行机车实验，记录运行情况。

张俐娜记得，自己经常搭乘运送牲口的农车，臭味很重。“旅馆条件也很差，风一吹，房门摇摇欲坠；而待在房间里，四处的声响听得一清二楚，被子还散发着一阵阵臭味。”

有一次，张俐娜从旅馆出发，要爬过一个坡才能搭上火车。当时，气温低至零下四十多摄氏度，冰天雪地里，她爬了好几次但都没有成功。眼看火车逼近，心急如焚的她意外碰见另一位远行者。他连拉带拽，好不容易才把年轻的张俐娜拖上坡来。

几年后，张俐娜研发的刹车皮碗被运用于毛主席专列以及中国开往苏联的国际列车，性能很好。“由于时期特殊，这项工作没有报奖，但我这样的知识分子（指出身特殊，记者注）能被铁道科学研究院认为是受欢迎的学者，这是一种莫大的鼓励。”

20世纪70年代初期，受到重用的张俐娜开始接手援外科研项目，直至1973年调回武汉大学。

“我在铁道部研究院工作了10年，知道每个研究所都各司其职，我属于技术与化学研究所，管理材料。如果这方面出现状况，比如前述的刹车皮碗问题，那么，我们就负有责任。”

“我生长在这片黄土地上，这不是某个人而是中国人的黄土地。我要建设它，这不会因为我的父亲被关押或者亲戚遭受迫害而改变。我会尽最大的努力孝敬父母，但我不会放弃科研。”张俐娜说。

（资料来源：http://www.time-weekly.com/html/20120405/16685_1.html
作　者：韩　玮、范冰莹）

盘点院士的中学时代，解读科学大师成长密码

——人生成长是一场马拉松

（附录1）

“小学印象模糊，大学印象不深刻，唯独中学在我的人生中留下抹不去的记忆。我后来能做点事情，与在中学时代打下的基础密不可分。”中国工程院院士罗锡文曾深情回忆自己的科学起航原点。

怀抱青春、激情和梦想的中学生活到底应该怎样度过？作为拥有中国科学技术领域最高学术称号的院士群体，他们的“学习秘籍”、成长历程和追梦故事对于今天的青少年无疑是一个镜鉴。

为此，记者在北京、上海、深圳、南京、合肥、武汉多地连续寻访了数十位院士，试图打捞一段不可复制的记忆，还原院士青葱岁月，追慕往昔教育图景，破解英才成长密码。

回望院士们的成长之路，记者发现，他们是科学界皇冠明珠的锻造者，也是我们身边的普通人；他们中有教育世家之子，也有山村农民的后代；他们中有少年成名的“学习霸”，也有高考落榜的崛起者；他们曾经爱读《天龙八部》，而今也追《中国好声音》……而中学时代的积淀正是他们厚积薄发的关键所在。

在接受采访时，院士们不止一次公开表示，“中学是人生中最好的时光”。

"人生成长是一场马拉松"

"不要输在起跑线上""不要输在跑道上"……今天的时代，这样的教育理念广为传播，被无数的家长和老师奉为圭臬。

然而，记者采访的院士们则表达了截然不同的观点。

杨乐院士曾算过一笔账：博士毕业到成为一名专门人才，需要经过8～10年的努力，如果从中学毕业算起，4年的本科，6年左右的硕士博士，加起来差不多20年时间。

阅历经年，杨乐感慨，"努力几个月半年，很多年轻人可以做到，但是20年的奋斗，其间面临身体、家庭、婚姻等重重考验，没有一个理想的支撑，没有雄心壮志是很难实现的"。

"学习成才是一个漫长的过程，一定要有长期努力的思想准备，要有吃苦耐劳的精神。不能只奋斗一段时期，而要像跑马拉松一样，坚持不懈，不断进步，提高自己的水平。"杨乐院士一语中的，成长成才不仅要跑得快，还要跑得远，成功从来不是一蹴而就的事。

初中立志一定要把用中国人名字命名的定理写在未来的数学书上，20多年后，杨乐和同事张广厚的成果被国际上称为"杨—张定理"；高中时，杨乐在书皮上写下"中科"二字，而今与中国科学院已携手走过半个多世纪。

这位数学大家用自己的人生为这场"成长的马拉松"写下了最好的注脚。

盘点十二位院士的中学时代，他们将人生比喻为一场需要耐力、恒心的马拉松长跑，把兴趣、理想与坚持视为这场长跑的动力，是他们最终功成名就的一大原因。

年过古稀之际，成为百年学府武汉大学唯一一名女院士张俐娜，用自己的人生经历诠释了马拉松的内涵。

年轻时，囿于家庭原因，她难以全身心投入科研，46岁才“半路出家”，开始真正意义上的科学研究。

从一个烧瓶、一支试管到创建国际一流的科研实验室，“大器晚成者”张俐娜凭借世界首创的一种神奇低温水溶剂“秘方”，获得美国化学会安塞姆·佩恩奖，成为半个世纪以来获得该奖项的第一位中国人。

17岁那年，郑永飞走上讲台，开始了长达两年的乡村执教生活。1977年，正式恢复高考，郑永飞与“老三届”同台竞技，不幸落榜了。

有过失落，也曾怀疑自己还能否考得上，但他依旧选择了来年再战，最终跨入了南京大学的大门。

2009年11月，这位刚过完50岁生日的科学家正埋头实验室里继续手头的科研，获选中国科学院院士的消息传来，他成为当年入选的最年轻院士。

而同时期做民办老师的，有人一起考上大学，也有的在打牌玩耍中度过，多年后聚会时，依旧是一个乡村的民办教师，让人感慨命运的乖张和坚持的力量。

“勤奋比天才更重要”

在外界眼中，院士是一个有着神秘色彩的精英群体，是世俗眼中“天才”人物。

然而，纵观记者采访的十二位院士的奋斗历程，他们无不是靠着勤奋、顽强的拼搏精神继往开来。

从小山村里的穷孩子，成长为中国“预应力大师”，吕志涛院士笃信，成才并取得成功靠三个法宝：天才、勤奋和机遇。

于吕志涛而言，他一直深知自己不是天才，而是凭借着99%的汗水才走到今天。

从小，吕志涛外语课学的是英语，上大学时，学校改学俄语了。全班只有2个同学从未接触过俄语，吕志涛就是其中一个，连33个俄文字母都不认识。俄语老师总是提问吕志涛，他还为此哭过鼻子。

从此，他几乎每天捧着俄文词典，关键词就用红笔画出来背，扩大词汇量和知识面。100多页的俄文词典，他反反复复翻看。研究生阶段，吕志涛阅读俄文文献就和中文文献的速度一样快了。

他坦言，千里之行，始于足下，如果没有中学时不放弃学业，一心向学的时光，就不会有从小山村走出的院士吕志涛，“勤奋比天才更重要”。

被外界誉为“世界油菜之父”的傅廷栋院士更是在田野里办公，在田野里成长。

在发现“波里马雄性不育型”油菜之前，傅廷栋经历了无数次的试验，一一排除过的油菜达几十万株。工作时，他常常一吃完饭就扎进校办农场金黄色的油菜地里，“东找找，西找找，看有没有雄性不育油菜”。

“为了不要让自己的梦想睡去”，只上过一年半中学的杨焕明院士，在“上山下乡”运动中，四处找书、和人换书，每看完一本就立刻和别人交换。在做民办教师的间隙，杨焕明自学完初高中的英语、数学、物理全部课程，把县城能找到的书全都读遍了。

当年与他曾同住一室的工友至今感慨，“他这个人说好每天背三十个英语单词，就一定做到！”

至今，这位全球知名的基因组学家还保持着每天读30篇以上的文献资料的习惯，始终站在科研的最前沿。

勤奋并不是苦学。

华中师范大学教育学院院长涂艳国教授在了解到12位院士的故事后指出，中国提倡“学海无涯苦作舟”，实际上，学习应该是一件快乐的事。院士们的坚定选择也立足于兴趣爱好，浓厚的兴趣培育学习的热情与快感，这同样值得重视。

“自由生长方能育精英”

“飞雪连天射白鹿，笑书神侠倚碧鸳”，欧阳自远院士对金庸的书籍如数家珍。

这位被誉为“嫦娥之父”的天体化学与地球化学家，毫不讳言自己是“金庸迷”，在他眼中，能看野书的中学时代，是一个自由的时代，“坦白地说，我有很多东西是从金庸的小说里面知道的”。

在对十二位院士的访谈中，“钱学森之问”是一个被屡屡提及的话题。自由宽松的氛围，因材施教的方法，是院士们至今念念不忘的“精英教育”模式。

王元院士的老师华罗庚初中考试时，常受到老师的优待：“你出去玩吧，今天的考试题目太容易了，你就不要考了。”

在这位曾担任过10年中国数学奥林匹克竞赛委员会主席的大数学家看来，随着义务教育的普及，我国“有教无类”做得越来越好，能够进入学校的人数远远超越自己当年那个时代，但“因材施教”远远不够，“必须承认智慧的差别，允许精英脱颖而出”。

“孔子三千弟子，也只有七十二贤人，就是100人里只有2.4个人是英才，需要因材施教。”王元介绍，西方国家的教育重视英才，因为造福国家、重点创新要靠英才。

与之相对的是，我国对于英才培养重视不够，7岁的孩子，有的只有4岁的智力，有的早就超过了，按部就班一级级的上学制度和考试制度，对优秀的人才是一种藩篱，“就像穿一样的衣服、吃一样的饭、读一样的书，变成了要齐步走，最后只有向落后看齐，好的学生被扼杀掉了”。

哥伦比亚大学数学系教授张寿武曾师从王元，当时，王元认为自己的研究领域经典解析数论已无出路可言，但看中了张寿武的勤勉和悟性，鼓励他自由选择方向。

在张寿武硕士论文答辩时，王元在其答辩完成后说，“我们也不知道你在说些什么，一个字也听不懂，但考虑到你每天很早就来办公室，很用功，这个硕士学位就送给你了，以后就不能够蒙了”。

至今，这位美国艺术与科学院新科院士常常庆幸，有这样一位老师能赋予自己充分信任，给予了自己足够自由的空间。

作为侵华日军南京大屠杀遇难同胞纪念馆等国内诸多著名建筑的设计者，齐康院士主持设计的建筑多是融科学性与艺术性于一体的巧夺天工之作。

从小接受艺术熏陶的齐康，坦言“科学家应当懂艺术”。中学时，弹钢琴、读小说、学画画的经历，对于他后期的创作影响深远。

面对应试教育的重重藩篱，齐康院士直言，“现在的教育把人教‘死了’，思维僵化了。我们要培养懂得‘传承、转化、创新’的全面人才”。

说到当下中学教育，齐康摇头，连说了三个“不好”，“钱学森先生晚年时讲了一句话，‘中国培养不出人才’，说得有道理。一个人要全面发展，不能专门只学功课，那样要把人‘憋死掉’”。

“家国情怀让人淡泊致远”

中学时，郭光灿一心想着要学习，要学好，至于以后学什么专业、有什么目的，他并不清楚，“那时候很单纯，挺傻的”。

多年后回首，郭光灿认为这种单纯也是一个优势，“我那时候只知道有了知识将来能做大事，虽然不知道能做什么，但明白这条路是对的”。

他的成名作可以为此写下注脚：在从事量子信息研究时，孤军奋战的郭光灿在国内坐过十多年“冷板凳”，而最终，团队也收获了首先在国际上提出量子概率克隆原理的殊荣。

与青年一代的接触中，郭光灿发现一个现象：现在许多中学生知识很多，思想却变得复杂，做任何事情都带有目的性，“动机非常强烈，参加学校夏令营都计较着能得到什么才决定是否参加，家长们传递的观念也都是希望孩子弹钢琴、学唱歌，将来一举成名”。

他理解今天年轻人的痛苦，自己当年是只知道往一条路上走，就可以心无旁骛，“今年的年轻人已经回不到我那个时代，有时候不是说他不愿意努力，而是他们眼前可以选择的路太多，也容易迷茫，想要在每条路上都有收获，结果分散了精力也扼杀了才华”。

“再给我十年时间，我还能继续往前走。”已过古稀之年的郭光灿希望，今天的中学生也能抛弃功利和杂念，做一个不停止进步和探索的人，真正实现人生价值——对民族和国家的价值。

院士们一生的重大抉择与国家的命运沉浮相伴，家国情怀让人淡泊致远。

1952 年，欧阳自远参加了新中国成立后的第一次高考。填报志愿时，家里想让他学医，他自己想学天文，但那时国家要发展重工业，而发展重工业就需要找到矿产资源，因此，“唤醒沉睡的高山，寻找出无尽的宝藏”成了当时最激动人心的口号。

成绩优异的欧阳自远也被这句口号打动了，于是第一志愿填报了北京地质学院。

1957 年，苏联发射了人类历史上第一颗人造地球卫星。当时正在攻读矿床学专业研究生的欧阳自远敏锐地认识到，尽管新中国还没有能力开展空间探测活动，但中国总得有人想这些问题。

从此，欧阳自远把研究视野转到地球之外，并从 1995 年开始全力以赴从事月球研究工作，终于成为中国最顶尖的探月工程的科学家之一。

（谢婷婷、雷宇，2016 年 5 月对全国院士访谈盘点）

新时代院士榜样教育与大学生价值引领创新研究调查报告

——基于全国万名大学生的问卷调查分析

（附录2）

伟大时代呼唤伟大精神，崇高事业需要榜样引领。作为我国科学技术界的杰出代表，两院院士是国家的财富、人民的骄傲、民族的光荣，是新时代榜样精神的集中体现和卓越代表，更是新时代大学生奋斗征途的引路人和社会风尚的引领者。大力弘扬和践行我国院士胸怀祖国、服务人民的爱国精神，勇攀高峰、敢为人先的创新精神，追求真理、严谨治学的求实精神，淡泊名利、潜心研究的奉献精神，集智攻关、团结协作的协同精神，甘为人梯、奖掖后学的育人精神，教育和引导新时代大学生自觉对标以院士为代表的榜样典范，将个人成长融入国家命运的家国情怀，涵养伟大梦想、积蓄斗争精神、展现自信自强，不断增强新时代新青年的志气、底气和骨气，树立为祖国为人民永久奋斗、赤诚奉献的坚定理想信念，是党和国家培育时代新人的历史使命和时代重托。

一、调研基本情况

调查研究是谋事之基、成事之道，没有调查就没有发言权，没有调查就没有决策权。课题组自2022年9月成立以来，各司其职、分工协作，按计划推进课题实施，一方面着手对全国数十位两院院士开展一对一深度访谈，收集整理访谈材料，另一方面面向全国在校大学生开展调查研究。为深入把握当前大学生对院士榜样教育价值引领作用的认知和实践情况，课题组依托中青校媒和湖北校媒及相关微信公众号，面向全国在校大学生开展了问卷调查。本次调研涵盖全国34个省（自治区、直辖市、特别行政区）及海外地区（澳大利亚），总计超过470所高校的1万余名在校大学生参与了问卷调查。调查问卷共计回收有效电子问卷10095份，在有效样本中，男性占42.41%，女性占57.59%；大学本科在读占61.83%，硕博研究生在读9.52%，职业院校在读占28.65%；理工农医类专业占46.81%，人文社科类占33.35%，艺术体育类占11.7%，其他专业占8.14%。

调研显示，新时代大学生对院士的关注度、认同度和期许度非常高，认为以广大院士为代表的科学家们在强国建设、民族复兴的新征程中树立起一座座科技创新丰碑，铸就了独特的中国科学家精神气质，为新时代大学生的主体意识、认知方式、行为规范和价值取向提供了具象化的价值观念和精神品质。在以科技现代化助推中国式现代化的历史进程中，如何继续赋予两院院士所承载的科学家精神以新的时代内涵和特质；新时代大学生如何继续谱写铸就新的科学文化和科学精神篇章；如何在中国科学家精神的国内国际传播中，讲好中国科学家故事、促进中国科学界与新时代大学生的交流对话；如何提升中国科学界的国内国际影响力和话语权，汇聚起新时代强国建设、民族复兴的磅礴精神力量；这些问题将成为本课题组亟待研究和解决的重要课题。

二、调研结果研究

文化是一个国家、一个民族的精神命脉和灵魂。100多年来，中国共产党弘扬伟大建党精神，形成了中国共产党人的精神谱系，成为中华民族的宝贵精神财富。以中国广大院士为代表的科学家精神植根于科学家的科学实践，是科学精神和科学文化在科学家群体中的集中体现，在中国站起来、富起来和强起来的历史进程中不断丰富和拓展，成为中国共产党人精神谱系和中国精神的重要组成部分。新时代大学生要继承爱国、创新的光荣传统，在创新实践中弘扬以“爱国、创新、求实、奉献、协同、育人”为鲜明特征的新时代科学家精神，在全社会推动形成讲科学、爱科学、学科学、用科学的良好社会氛围，就要自觉对标两院院士，牢记初心使命，坚定理想信念，不断增强实现中华民族伟大复兴的精神力量。

（一）新时代大学生对我国院士基本情况的研究

1. 新时代大学生对我国院士群体的关注颇为密切

院士是中国在科学技术方面的最高学术称号，代表着国家在特定科学技术领域的权威和领军人物。在中华民族伟大复兴的征程上，一代又一代科学家心系祖国和人民，不畏艰难，无私奉献，为科学技术进步、人民生活改善、中华民族发展作出了重大贡献。调查显示，在回答“我对院士的大学时代是否感兴趣”这个问题时，有89.49%的大学生表示非常感兴趣或比较感兴趣，6.86%的人回答有一点感兴趣，只有3.65%的在校大学生表示完全不感兴趣。在回答“我是否了解我国两院院士”这个问题时，有49.56%的大学生认为自己非常了解或比较了解，有31.83%的大学生认为了解一些情况，有18.61%的大学生认为自己了解甚少或者完全不了解。在回答“我是否会主动了解院士是如何度过大学时代的”这个问题时，有51.94%的大学生表示会主动了解，有42.7%的同学表示想了解但是不知道了解的方式途径，只有5.36%的在校大学生表示完全不想了解。以上数据充分说明新时代大学生对院士群体的关注度和兴趣度非常高，但是对院士了解的广度和深度还不够，缺乏对院士工作生活及院士精神相关内容的观照，一定程度上说明我国对院士榜样教育的宣传力度还需进一步普及强化。

2. 新时代大学生对我国院士精神的认知特质鲜明

科学成就离不开精神支撑。科学家精神是科技工作者在长期科学实践中积累的宝贵精神财富。新中国成立以来，广大科技工作者在祖国大地上树立起一座座科技创新的丰碑，也铸就了独特的精神气质。院士精神是蕴含爱国主义、科技创新、求实向上、甘愿奉献、协同合作和科学育人等科学家精神内核的集合体，是当代人文精神与科技精神的融会贯通和统一诉求，蕴含着极为宝贵的精神财富，已经成长为一种特殊的文化意识形态。在校大学生在回答“我认为院士群体和我的现实距离和心理距离是否遥远”这个问题时，有 48.89% 的人认为并不遥远，有 45.04% 的人回答有一些遥远或者距离，6.09% 的人则认为非常遥远。在回答“我认为大学时期的院士和我是否有很多共同经历”时，47.13% 的人认为有很多共同经历或相似经历，33% 的人认为有一些相同的经历，14.59% 的人回答几乎没有，5.28% 的人回答完全没有。在回答“我认为院士大学时期的经历和选择在当下是否依然有借鉴意义”这个问题时，70.79% 的大学生认为非常有意义或者有很大意义，22.15% 的大学生认为有一定意义，只有 7.06% 的大学生认为没有意义。调查显示，绝大多数的在校大学生都认为院士大学时代的经历和选择对于自己的人生观和价值观意义重大，院士精神对培养新时代大学生的政治素质、科学素质、人文素质和思想道德素质具有十分重要的理论和实践意义。但是，受访大学生对院士的大学生活和成长历程缺乏必要的了解，非常渴望通过最直接、最真实的院士光荣事迹、动人故事以及人生经历来汲取宝贵的感悟和经验。

3. 新时代大学生对我国院士故事的分享热情高涨

一代又一代科学家怀着深切的爱国主义情怀，凭借深厚的学术造诣、宽广的科学视角，为祖国和人民作出了彪炳史册的重大贡献。祖国大地上一座座科技创新的丰碑，凝结着广大院士的心血和汗水。在科学领域，“干惊天动地事，做隐姓埋名人”的民族英雄比比皆是，他们为实现建成社会主义现代化强国的伟大目标、实现中华民族伟大复兴的中国梦，提供了强劲的智力支持和精神动力。讲好中国院士故事，弘扬科学精神，激励青年一代踔厉奋发，勇毅向前是永恒的主题。在回答“我是否会模仿和实践院士大学时期的选择”时，50.08% 的大学生表示非常愿意亲身实践和效仿借鉴，34.67% 的人回答要根据实际具体情况具体分析，15.24% 的人回答不会效仿或很少效仿。在回答“如果我们寻访院士的大学时代，我是否愿意将相关报道或刊物分享给身边的同学和好友”这个问题时，有 65.21% 的大学生表示非常愿意或者大力推荐和分享，26.26% 的人表示要根据报道或刊物的内容来作出决定，5.63% 的人表示比较少分享，仅有 2.9% 的人表示不会分享。调查显示，绝大多数的在校大学生都表示会在学习和生活中效仿和参考院士的人生经验，也会主动跟同学、朋友和家人分享院士的故事和事迹，但是目前能接触到的关于院士尤其院士群体大学时代优秀鲜活事例的书籍、报刊、视频、影像等资料相对较少。

（二）新时代大学生对我国院士榜样引领的研究

1. 院士榜样引领的首要内容——厚植家国情怀，建功报效祖国

“新时代更需要继承发扬以国家民族命运为己任的爱国主义

精神，更需要继续发扬以爱国主义为底色的科学家精神。”科学无国界，科学家有祖国。具有强烈的爱国情怀，是我国两院院士的首要标准和共性特质。院士最大的科研动力来自对国家、民族怀有真挚的情感，来自正确的人生观价值观和强烈的社会责任感，想国家之所想，急国家之所急，服务国家发展大局。这种爱国精神和报国志向与生俱来、生生不息，体现在留学科学家毅然回国的无悔选择中，体现在投身“两弹一星”事业的默默奉献中，体现在一代代科研工作者“将论文写在祖国大地”的生动实践中。老一辈院士在科学研究中有着科技报国的远大理想，不慕名利的崇高站位，一贯坚持国家利益为先，人民利益至上，无畏牺牲自己，不计个人得失，处处体现无私奉献的精神品质。在国内急需大量地质人才的关键时期，成绩优异的殷鸿福院士毅然决然选择投身矿产资源勘探专业，响应“为祖国找矿”的号召，用70年时间，诠释了他的人生选择——“以自己能终身做一个地质工作者给祖国服务感到幸福和自豪”。“搞地质的人，野外是第一实验室”成为殷鸿福70年来始终坚守的信条。1985年，为寻找确定地层年代的“金钉子”，50岁的殷鸿福带病攀登海拔4000多米的岷山，因体力不支摔倒在乱石中，造成膝盖粉碎性骨折。然而，仅经过一年多的医治和休养，他又重新奔波在地质科考的路上。殷鸿福院士对同学们谆谆嘱托道：“野外很苦，但想想祖国的需要，想想自己对地质事业的热爱，方能苦中作乐，化苦为乐。”

2. 院士榜样引领的重要支点——坚守道德典范，潜心研究学问

“善学者尽其理，善行者究其难。”广大院士勇攀科学高峰，敢为人先，追求卓越，努力探索科学前沿，发现和解决新的科学问题，形成新的前沿学派，攻坚克难、集智攻关，坚守学术道德和科研伦理，践行学术规范，涵养风清气正的科研环境，培育严

谨求是的科学文化。“实事求是得真知”，是科学研究工作者执着坚守的治学初心，也是两院院士群体的共同特征。这种勤奋刻苦、严密谨慎、严格细致的精神，充分体现在他们克服困难、不惧艰险的求学途中，体现在他们精益求精、一丝不苟的科研探索中，体现在他们穷尽一生对真知、真理的无畏追寻中。老一辈院士是科技精英，也是道德模范。潜心钻研的优良学风、奉献牺牲的高尚情操、矢志创新的敬业态度都沉淀于院士的奋斗精神中，具有极强的教化力与感染力。谢树成从一位浙江农村的少年成长为中国科学院院士，从事科学研究期间，他8年间两度问鼎国家自然科学奖，获得国际有机地球化学领域最高奖，成为该奖项设立45年来，首位获此殊荣的华人科学家。时至今日，谢树成院士坚持认为在信息大爆炸时代，系统的、大量的阅读弥足珍贵。求学时期，每到周末，同学们或外出游玩，或参加舞会，谢树成则一头扎进教参室阅读外文期刊，极大地拓宽了知识面。多年后回首，谢树成认为这是大学期间收获的最重要的学习方法，“宽广的视野决定了成才的方向”。他寄语青年一代：“人类个体就像微生物一样，微观尺度的努力往往能够积聚出宏观尺度的力量。”

3. 院士榜样引领的关键环节——启迪灵性思维，激发创新潜能

科技是国家强盛之基，创新是民族进步之魂。创新是科学技术发展的灵魂，是引领发展的第一动力，也是院士精神的本质特征。勇于创新、不断创新，是两院院士实干报国、奋斗圆梦的根本途径。从“两弹一星”到“天眼”探空、神舟飞天、墨子“传信”、高铁奔驰、北斗组网、超算“发威”、大飞机首飞等，一批批“国之重器”成功书写了科技创新的绚丽华章。每一次技术的革新都需要科学家“敢为天下先”的坚定信心，需要不断突破前人成果，不断拓展科学技术的广度和深度，勇于提出新的概念、理论和方法。

创新精神也是大学生主动、自发转化学习成果，拓展自身能力的关键品质，需要从小培养、呵护成长。多年来，两院院士怀着“敢为天下先”的价值追求，竭力推动科学技术革新发展，书写了一段段紧跟时代步伐、勇立时代潮头的争先故事。“杂交水稻之父”袁隆平院士是当之无愧的杰出代表，他以勇于担当的态度和姿态去迎战困难，用自主创新的思维方式化解矛盾，在“中国人的吃饭问题上”始终坚持“亮剑”精神，其科研创新的能力、工作务实的态度、淡泊名利的品格感动着一代又一代中国人。作为捧回国际数学地质最高奖“克伦宾奖章”的亚洲第一人，今年93岁高龄的赵鹏大院士用“了解形势，开阔眼界，增长知识，激励斗志”十六字来形容大学期间听取各类跨学科讲座的收获，他从不拘泥于已有学术的束缚，善于在融合之后形成自己的新思维新观点。

（三）新时代大学生对我国院士榜样教育的研究

1. 大学生重点关注之一——院士的人生规划和专业选择

“科技创新，贵在接力。”科学事业是接力事业，建设创新型国家需要一代又一代人接续奋斗，只有薪火相传才能拾级而上、登高望远。院士是科技界和教育界不可多得的宝贵史料和育人教材，对于教育和引导广大在校大学生树立正确的人生观、价值观，激励社会各界贯彻新发展理念、建设创新型国家，具有十分积极的意义。院士们治学为师、奉献人生的图景，应该成为新一代大学生的人生教材，帮助在校大学生领略追求真理、严谨治学的科学精神，领悟爱国奉献、造福人民的价值观念，从而循着大师的足迹不断向前。问卷调查显示，大学生在回答“你在大学期间遇到的主要困惑有哪些？”时，排名前五的分别是：第一，如何找准人生方向（73.39%）；第二，学业和课余生活的平衡（60.71%）；

第三，选择投身科研还是工作赚钱（46.02%）；第四，如何抵制诱惑（如网络游戏）（42.63%）；第五，人际关系的处理（40.35%）。大学生在回答“如果我们寻访院士的大学时代，你对哪些话题更感兴趣？”这个问题时，排在前五的分别是：第一，院士的专业选择（48.92%）；第二，院士的兴趣爱好（45.98%）；第三，院士的学习方法（40.72%）；第四，院士的恋爱故事（29.29%）；第五，院士遇到的困惑迷茫（18.21%）。如何做好人生规划和专业选择是新时代大学生最关注的问题之一，李曙光院士就认为，兴趣是可以后天培养的，他从“害怕考试”到“逆袭”的求学经历锻造了他艰苦朴素、吃苦耐劳的品格，成长为从不“开夜车”的科大学霸，为大学生树立了人生选择的典范。

2.大学生重点关注之二——院士的科学研究和学习方法

“善学者尽其理，善行者究其难。”广大院士既是学术道德的楷模、严谨治学的表率，也是坚守科研伦理、践行学术规范的行家里手；既是勇攀科学高峰，敢为人先，追求卓越，努力探索科学前沿，发现和解决新的科学问题的先行者，也是攻坚克难、集智攻关，瞄准“卡脖子”的关键核心技术难题，带领团队作出重大突破的领路人。让学术道德和科学精神内化于心、外化于行，培育严谨求是的科学素养是广大院士的毕生追求。调查显示，大学生在回答“你认为当今大学生可以从院士的大学时代中获得什么？”这个问题时，排名前五的分别是：第一，获得成长经验（65.43%）；第二，掌握学习方法（61.88%）；第三，借鉴人生选择（35.63%）；第四，领略学术前沿（34.85%）；第五，启迪科研兴趣（30.41%）。在回答“关于科研方面，你有何困惑？”这个问题时，排名前五的是：第一，自身科研能力不足，找不到感兴趣的科研方向（70.43%）；第二，想尝试创新，但个人发展要求成果发表，陷入两难（59.41%）；第三，论文难以发表，有毕业难题（45.19%）；第四，导师放养式管理，得不到有效指导（30.55%）；第五，被迫为导师处理烦琐事务，科研时间被挤压（18.18%）。谈学习搞科研，关键就是要较真，需要有“钉钉子”的不服输精神。樊明武院士今年已80高龄，却自称“80后”，作为我国“核工业65周年功勋人物榜单”最年轻的一位科学家，他认为，人生就是要为祖国做大“矢量的模”，无论修灯泡、铺电缆，还是搞科研，樊院士都把“做到极致”视为自己的座右铭，为大学生做出了“学一行干一行，干一行爱一行，爱一行精一行”的榜样示范。

3. 大学生重点关注之三——院士的人际关系和社会交往

“苦干惊天动地事，甘做隐姓埋名人。”新中国成立以来，我国许多优秀院士不畏困难、不慕虚荣，为科学事业舍身探索，为国家民族鞠躬尽瘁，为造福人类无私奉献，犹如一座座丰碑，令人敬仰。科学是持之以恒的事业，只有静心笃志，肯下“十年磨一剑”“甘坐冷板凳”的苦功夫，才有可能创造出一流科研成果。受访大学生在回答“结合自己的大学成长经历，写出一个你最想向院士提出的问题”时，其中个性化问题多达千个，主要涉及人生规划、方向选择、科研学习、人际关系、困难挑战、迷茫困惑等关键词，其中关于人际关系和人际交往的问题备受瞩目。诸如“如何平衡学习与生活的关系？”“如何正确处理与导师和同学之间的人际关系？”“如何解决内卷和情绪焦虑问题？”“遇到极大的挫折怎么纠正自己的心态？”等涉及社会人际关系交往和处理的问题，是现在众多大学生特别是研究生群体的共性问题。在与众多院士的访谈交流过程中，课题组发现他们都具有两个共同的品质：一个是乐于助人、无私奉献的团队协作精神；另一个就是不怕挫折、勇于挑战的斗争精神。淡泊明志，宁静致远。坚持

“只有帮助别人，才能成就自己”的人生信条，人生之路才能不怕困难、拾级而上，越挫越勇、登高望远。

三、调研现实挑战

国家的前途、民族的命运、人民的幸福，是新时代大学生必须和必将承担的重任。每个大学生都应该珍惜这个伟大时代，不断修身立德，打牢道德根基，在人生道路上走得更正、走得更远，做新时代的奋斗者。院士的家国情怀、责任担当成为在校大学生心中的标杆和榜样。新时代大学生对院士榜样教育的价值引领作用关注度高、认同感强，对祖国的前途命运和自身的发展规划非常关心，愿意投身到社会主义现代化建设中去发展经济、报效祖国。在校大学生对理想信念的追求更加务实，不愿避开物质空谈精神、离开经济空谈政治、脱离现实空谈理想；不愿夸夸其谈、好高骛远，更加注重实干、追求实效。但与此同时，在社会主义市场经济条件下，随着经济全球化进程的日益深入，在后疫情时代的应激连锁反应等客观因素的影响下，各种错误文化思潮、腐朽思想文化以及西方敌对势力意识形态领域的渗透，都对当代大学生的思想观念不断产生冲击和影响。随着互联网的迅速发展，各种信息海量涌入，如何筛选对错、判断是非，成为一项极为复杂困难的工作。从本次问卷调查可以看出，在回答“你认为当今大学生可以从院士的大学时代中获得什么?”这个问题时，选择“激发报国热情”的大学生只占到14.57%，出现了一定程度的理想危机，具体表现为：一是一小部分大学生已经滋生出拜金主义、享乐主义、利己主义和极端个人主义的思想，以自我为中心、奉行个人主义，出现“精致的利己主义者”现象。二是少数大学生不同程度地存在政治信仰迷茫，理想信念模糊，价值取向偏离，诚信意识淡薄，社会责任感缺乏，艰苦奋斗精神淡化，团结协作观念较差，心理素质欠佳等消极现象。在问卷设置的开放式问答中，“迷惘”“困惑”“躺平”“诱惑”“无聊”“停滞”“挫折”“失败”等负面词汇频频出现，需要引起社会的关注和反思。三是一小部分大学生片面追求享乐，缺乏自制力，沉迷于网络游戏，旷课逃课和考试作弊现象频出，意志消沉，精神空虚，行为失范，甚至走上违法犯罪的道路。因此，在当前各种思想文化相互激荡、各种社会矛盾相对集中的敏感时期，迫切需要加强大学生理想信念教育，提高大学生明辨是非的能力，摆正大学生个人成长的历史方位，不断强化院士榜样教育的示范作用和价值引领，丰富创新院士榜样教育的内容和形式，大力倡导弘扬新时代院士精神，为培育大学生奋斗不止、自强不息的精神品质创造有利氛围和条件。

四、调研对策研究

一代人有一代人的长征，一代人有一代人的担当。锚定第二个百年奋斗目标，新时代大学生要勇立时代潮头，勇担时代使命，秉持国家利益和人民利益至上的原则，继承和发扬老一辈院士胸怀祖国、服务人民的优秀品质，弘扬科学家精神，在服务国家需要、引领时代发展中展现科学研究的价值。新时代院士榜样教育肩负着新的时代使命，面临着新的时代挑战。

（一）院士榜样教育的根本途径——利用多方教育资源拓展协同育人平台

大力弘扬以广大院士为代表的科学家精神，在全社会形成尊重知识、崇尚创新、尊重人才、热爱科学、献身科学的浓厚氛围，能够进一步鼓舞和激励广大科技工作者，争做重大科研成果的创造者、建设科技强国的奉献者、崇高思想品格的践行者、良好社会风尚的引领者。调查显示大学生在回答“你通常从哪些渠道了解到院士的信息?”这个问题时，选择“网络、电视等视讯设备”的占79.59%，选择“报纸、图书等纸质媒介”的占64.93%，选择“师长、朋辈等沟通交流”的占51.63%，选择“其他”的占15.65%，说明大学生获取院士相关信息渠道比较单一，视频和图书是主要方式。在回答“你期待院士寻访成果以怎样的形式呈现?”这个问题时，选择“各类视频”的人占75.3%，选择“书籍、报刊”的人占39.52%，选择“新媒体产品”的占37.73%，选择“广播”的占12.68%，说明大学生主要通过视频、书刊以及新媒体等方式作为院士榜样教育的信息渠道。为此，我们需要在前期访谈和调查问卷的基础上构建科学的、系统的、多元主体协同的对策措施和实践路径，遵循在校大学生的个性特点与身心发展规律，在浸润融入中让院士榜样教育落地生根，真正发挥价值引领的重要作用。一是注重顶层设计。各级党委和政府要为院士榜样教育价值引领培育创造良好的环境和条件，特别是各级共青团组织要发挥桥梁和纽带作用，利用大学生喜闻乐见的方式方法进行院士榜样教育的示范引导。二是强化责任到位。各级教育主管部门应加强对大学生以院士精神为内核的培育工作规划，高校要发挥沟通和衔接作用，协调家庭、社会中的各类资源，引导大学生培养科学精神、激发科学兴趣、提升科学素养；家庭和个人应重视对科学素养的培育，通过家风、家教传承等启发大学生对院士的热爱与好奇心；科协、科研单位、企业等社会机构应与高校加强合作，以参与、互动、体验等形式开展多样化的教育活动；

广大院士及科技工作者应积极参与榜样教育各类活动，为大学生作出表率的同时引导大学生懂学、愿学、爱学、乐学，发挥榜样示范以及识才、育才的导师作用。

（二）院士榜样教育的主要渠道——完善教育课程内容融合课堂育人手段

作为强国复兴的生力军，大学生是抢占世界科技竞争和未来发展制高点的有生力量，是实现中国梦的重要力量。院士榜样教育的关键在高校，重点在课堂。要充分发挥科技是第一生产力、人才是第一资源、创新是第一动力的结合点作用，深入贯彻科教兴国战略、人才强国战略、创新驱动发展战略，坚定走人才自主培养、科技自立自强之路。一是要充分发挥“大思政课”的融合效应。构建“大思政”课程体系“点线面体”的基本思路，改善“实体课堂”的育人环境，优化“虚拟课堂”的育人空间。二是要坚持课堂教育规律性和原则性相统一。充分发掘课堂教育的主渠道作用，教育大学生聚焦储备科学知识、精进科学技术、涵养科学精神。教育大学生专注于学习中心任务，贯通课堂教学、科学研究、社会实践等环节，使自身的科学知识、专业技能、思维视野紧跟时代、紧贴需求，为青年学生投身伟大事业打牢基础。坚持政治性和学理性相统一，价值性和知识性相统一，建设性和批判性相统一，理论性和实践性相统一，统一性和多样性相统一，主导性和主体性相统一，灌输性和启发性相统一，显性教育和隐性教育相统一原则，实施多元主体主动介入，多元媒介积极整合，不断完善教育内容，丰富育人手段。三是要树立“跨界思维”和“迭代思维”。及时根据我国院士和大学生不断变化发展的需求和身心实际，调整院士榜样教育的内容、情境和方式方法，优化内容更具时代性，强化平台更具操作性，完善主体更具交互性。教育青年学生走出校园“象牙塔”，走进社会“大课堂”，投身高质量发展“主战场”，致力于研究和解决世界科技前沿、国家重大战略需求等真命题，坚持知行合一、学以致用，努力把论文写在祖国大地上。

（三）院士榜样教育的重要内容——丰富教育主题活动强化实践育人机制

院士榜样教育在大学生群体中扎根需要以实践活动为依托，在实践过程中形成对院士精神的认同和接受，在活动过程中体会、感悟和涵养院士的优秀品质和道德风尚。一是突出主题教育活动。围绕院士榜样教育，积极开展社会实践、志愿服务、公益活动，加强集体主义教育，引导大学生正确看待个人与集体、个人与国家的利益关系，将“小我”与“大我”紧密相连，积极构建和谐互助、团结奋进、共生共荣、守望相助的价值观念和朴素情感。在教育实践活动中融入科学家精神主题，例如党日团日等主题教育活动、“院士来讲开学第一课”、“院士专家讲科学”、“院士精神宣讲报告团”、“院士回母校系列主题沙龙”、寒假暑期社会实践活动、研学旅行等。要突出院士的文化浸润作用，开展高雅院士校园文化活动，培养具有崇高审美追求、高尚人格修养的高素质人才。二是强化实践育人活动。要引导大学生树立崇高的价值追求和人生理想，用脚踏实地的奋斗精神集聚勇立潮头的正能量。认识到“幸福都是奋斗出来的”，懂得脚踏实地方能行稳致远，明白实学实干才能进而有为。要加强学业学风教育，强化院士榜样引领，引导大学生坚定奋斗目标，潜心求知问道，提升实践动手能力，锻炼劳动精神，进一步激发担当精神和责任意识，在实践过程中磨炼自己的意志品质，化理想信念为具体的实际

☐院士眼中当今的学术前沿

☐大学时做过的哪些事为成为院士打下基础

☐院士对当下高等教育模式的看法

☐院士对当下科研人才培养的建议

☐其他 ________________________*

3. 你期待寻访成果以怎样的形式呈现？（选择 1—2 项）［多选题］*

☐视频

☐报刊

☐广播

☐博客

☐书籍

☐新媒体产品（如图文推送，H5 等）

☐其他 ________________________*

4. 你认为当今大学生可以从院士的大学时代中获得什么？［多选题］*

☐掌握学习方法

☐获得成长经验

☐领略学术前沿

☐启迪科研兴趣

☐借鉴人生选择

☐激发报国热情

☐其他 ________________________*

5. 你在大学期间遇到的主要困惑有哪些？［多选题］*

☐如何找准人生方向

☐选择投身科研还是工作赚钱

□学业和课余生活的平衡

□如何抵制诱惑（如网络游戏）

□人际关系的处理

□其他 ________________________ *

6. 关于科研方面，你有何困惑？［多选题］*

□论文难以发表，有毕业难题

□自身科研能力不足，找不到感兴趣的科研方向

□想尝试创新，但个人发展要求成果发表，陷入两难

□导师放养式管理，得不到有效指导

□被迫为导师处理烦琐事务，科研时间被挤压

□其他 ________________________ *

7. 结合自己的大学成长经历，写出一个你最想向院士提出的问题：［填空题］

____

三、个人基本信息

1. 你的性别：［单选题］*

○男

○女

2. 你的学历层次：［单选题］*

○本科在读

○硕士研究生在读

○博士研究生在读

○职业院校在读

3. 你的专业属于：［单选题］*

○理工农医类

○人文社科类

○艺术体育类

○其他 ______________________ *

4. 你毕业后的打算:[单选题]*

○直接工作

○升学，有志于长期从事科学研究

○升学，为提升学历

○还不确定，边走边看

5. 你的学校所在省份:[填空题]*

____

6. 你的学校:[填空题]*

____

一代青年的成长需要崇高精神引领

——访青年学研究专家、华中师范大学马克思主义学院院长万美容教授如何理解科学家精神的时代内涵？“佛系”“躺平”“内卷”等现象出现的背后，当前青少年的思想教育工作存在怎样的痛点和难点？当“00后”甚至“05后”成为大学校园里的“主力军”，以两院院士为代表的老一辈科学家的成长经历，对今天的年轻人思想引领究竟有何价值？对此，记者采访了华中师范大学马克思主义学院院长万美容教授。

新时代呼唤“自信自立自强”的科学家精神

雷：习近平总书记对弘扬科学家精神作出了系列重要论述，从青少年思想引领的角度来看，这反映出怎样的时代背景和现实需求？

万：总书记讲要弘扬科学家精神，多次强调，我们党和国家事业的发展，对高等教育的需要，对科学知识和优秀人才的需要，比以往任何时候都更加迫切。我想这具有同样的一个背景，也可以讲是我们这个时代的一个要求。

因为中国发展到今天，在世界上彰显出越来越强大的力量，对于世界格局，特别是大国之间的关系，产生了深刻的影响。所以这就有了中美之间的较量博弈，美国实施对中国的全面遏制打压，这使得我们更加明确，中国要发展必须自立自强，在自信的基础上自立自强。

▲ 万美容教授

而作为科学家典范的中国院士，他们身上承载和彰显着科学家精神，蕴含了一种自信、自立、自强的精神品质。在国内来讲，现在我们的经济发展到一个比较高的水平，人们的生活也有很大的变化，但是在精神层面确实也出现了精神贫乏、精神乏力的现象，所以我们需要用像科学家精神这样能够催人奋进的精神资源去激励人们，特别是去教育和影响青少年，引导他们走出精神困惑，帮助他们健康成长。

人应该有点精神，尤其是教育培养青少年，应该在精神培育方面更加重视。前几年我们团队围绕着青少年的精神生活、精神成长，做过一些调研和探讨，我们感到，很重要的一点，就是应该赋予青少年一些精神的气质、品质，积极引领青少年内在精神世界的构建和外在精神生活质量提升。

对科学家精神的理解，主要是这几个方面：爱国精神、创新精神、求实精神、奉献精神、协同精神、育人精神。第一个就涉及每一个人，包括科学家，与国家和社会之间的关系，与人民之间的关系。科学家首先彰显的是一种胸怀祖国、服务人民的爱国精神，这个是非常重要的。

另外，从具体的价值指向上来讲，体现出一种对理想信念的执着追求，勇攀高峰、敢于创造的创新精神。科学创造本身就是一个探索的过程，不一定所有的探索都会得到理想的结果，所以在这个探索的过程当中，可能会经受挫折、失败。所以这里面就要求有一种奉献精神，潜心研究，淡泊名利。现在有很多关于"精致的利己主义者"的讨论，我觉得这部分人很难成为对我们时代起引领作用的真正的大科学家，他们缺乏这样的一种潜质。

在具体的研究过程当中，或者在科学探索的过程中，还应该追求真理，加强团结合作。这里面就涉及求实求真、团结协作的要求。同时，科学需要一代一代的人去传承，我们在一些著名的科学家身上往往可以看到他们都潜心地育人，为了科学事业发展培养接班人，表现出甘为人梯、扶持后学的精神。

总的来说，科学家精神既涉及一般意义上的爱党、爱国、爱社会主义的要求，也涉及我们对科学求真务实的态度，还涉及在科学探索的过程中必须有的奉献、协同的精神品质。而这些对于青少年的教育成长都非常重要。

现在大家对青少年当中出现的一些现象比较担忧，我个人认为很多问题从根本上讲，还是因为青少年当中一部分人缺乏坚定的理想信念；另外，就是在处理自己和社会、国家、他人之间，包括和家庭、家长、同学之间关系问题时，缺乏一种对他人负责的态度，也就是一种社会责任感的问题。所以加强青少年的思想政治教育是很重要的，特别是要加强理想信念教育和社会责任感的教育。而弘扬科学家精神，我觉得能够在这两个方面对青少年产生非常重要的影响，带来积极的作用。

当一个人有了远大的理想，有了自己的追求，同时也培养了自己对社会、对家庭、对他人的一种责任，包括对自己的一种责任，在处理问题的时候，比如说他遇到一些挫折或者困难的时候，一定不会轻言放弃，不会走极端甚至“一死了之”。因为他有他要做的事情，他有自己追求的目标，他有对别人的一份责任。他会对自己生活或者生存发展的意义和价值，有一种更高的认同和认识，很多遗憾和悲剧就不会出现。

说到这里，我觉得现在对青少年的思想教育当中，有些定位层次可能还是低了一点，很多工作重点放在一些具体问题上了。我在院里面跟学工的老师们探讨，马院的学生工作一定要在引导优秀学生方面加强，在引导优秀学生坚定理想信念，培养对社会、对国家的责任感等方面做更多的工作。只有这样培养出来的毕业生，才能真正成为我们党和国家事业所需要的优秀人才。因为优秀人才不能仅仅是专业上的优秀。

雷：定位层次低了一点？能不能举个例子。

万：我上学期去一个从小学到高中的全日制学校调研，发现按照现在一般的测量标准，连小学生当中都出现了不少所谓心理有问题的学生。其实不能够仅仅从心理方面去寻找原因，而应该从他思想观念的层面，比如说他对人生理想的追求，对国家、对社会、对家庭的，对他人、对自己的责任感方面。如果仅仅是停留在心理咨询、心理辅导这个层面，可能会暂时缓解他的焦虑、忧虑，但是未必能从根本上解决问题。他下一次遇到类似的状况，或者遇到更严重的困境时，他未必能扛得过去。所以我觉得我们的教育应该更多地去坚持一种正面的、先进性的导向，以更高的精神去引导。

现在很多地方，更多强调的是一种底线思维，就是不出问题，“确保一个都不少”，所以非常重视“问题学生”的教育帮扶。这是很有必要的！但是在重视这个工作的同时，也要把教育的资源更多投向对青少年更高层次的精神引导，对优秀学生思想上政治上的教育。实际上从中央对于青少年教育引导的重大决策、重要文件里，也就是从顶层设计上讲，这种导向是非常明确的。无论是20世纪90年代的学校德育文件，还是21世纪初期加强和改进未成年人思想道德建设和大学思想政治教育的工作部署，强调的核心问题、紧迫任务都是理想信念教育。

院士们明知科学探索不一定都能成功，仍然愿意坚持不懈地去追求真知真理，这就是科学家精神的生动体现。因为有了这种精神，在探索科学真理的过程中，无论遇到什么样的困难，他一定会想方设法地克服困难，勇敢面对，这恰恰是我们今天的青少年最缺少的一个东西。青少年群体中出现的问题，实际上是在成长过程当中的问题。一方面，我们要解决这些具体问题，同时要注意以更高远的目标去引导，在引导他们追求更美好事物的过程中慢慢地解决类似问题。所以在青少年当中开展中国院士精神的教育，或者说培育，非常重要。

另外一个问题就是市场化背景下资本表现出的强大力量，深刻影响着年轻人的价值观。在这种情况下，精致的利己主义、功利主义、实用主义等现象非常普遍，越是好的学校可能越普遍。因为（越好的学校）竞争更激烈，“卷”得更厉害，我们过去叫“分分计较”，现在看来还不是“分分”计较了，甚至是零点零几分的那种计较。芝麻大的一点小事都得去弄个明白，或者说一定要分一个高低上下。这种情况下，用甘为人梯、淡泊名利的科学家精神教育青少年学生，我觉得对于引导青少年正确认识竞争，正确认识个人发展和社会发展之间的关系，正确认识个人成长与他人成长之间的关系，是非常必要的。

雷：“内卷”带来的最大的问题是什么？

万：首先“内卷”带来的问题是让大家越来越注重自己或者

说自我。更多的是追求那些具有确定性的东西，所以一定会影响人们探索和创新的精神品质，和科学家精神是背道而驰的，对创新没有好处。

这也启示我们的思维一定要新，视野要广，也就是说在青少年当中培育科学家精神，弘扬科学家精神，不能仅仅盯着青少年一个主体。从社会及政府的层面，应该更加重视科学家和科学人才，给予相应荣誉奖励，提高他们的社会地位。还要提高科学家和科技工作者的待遇，就像20世纪80年代，当时国家领导人深入科学家中间，看到他们的生活状况，决定设立国务院特殊津贴，改善优秀科技工作者的生活条件。它给社会一个很重要的信号，就是党和政府是高度重视科学家，重视优秀人才的。

在一些青少年看来，现在还以当科学家为理想是很可笑的事情，而当一个主播，当一个网红，才是比较值得去追求的东西。如果我们的青少年被引导这样来思考问题，或者说确定这样的人生目标的话，真的很危险。

总书记讲，青年一代有理想、有本领、有担当，国家就有前途，民族就有希望。如果青少年一代没有追求和奋斗的正确目标的话，是令人多少有点担忧的。我觉得，弘扬科学家精神，首先得让科学家成为全社会尊重的人，即使在今天这样的条件下仍然是全社会非常尊重的人，让青少年觉得是值得学习、效仿的人，就像他们今天追求效仿明星一样。

科学家精神能够回应“躺平”“内卷”等现实问题

雷：您多年来对青年问题一直持续关注。今天青少年身上的“躺平”“佛系”，包括作为另外一个极端体现的“内卷”现象，和过去几十年相比，是否更加典型？

万：当前这种现象肯定是表现得比较突出，也比较普遍。但是也要辩证地看，那些看上去“躺平”，或者不停地说“躺平”的青年人，不一定都是真的“躺平”了。有一部分可能真的是不想奋斗了，因为他已经有了很好的生存生活条件，他就觉得我再奋斗也不是特别有价值。但是其中应该讲有相当一部分人其实在今天这样的环境中，“躺平”是一种无奈和自嘲，他并没有放弃，他还是在奋斗，但是觉得我这种奋斗似乎未必能够达到自己所追求的那样一个目标。所以实际上“躺平”反映的是一种很矛盾的心态。

雷：40年前，《中国青年》杂志联合了《中国青年报》发起了“人生的路该怎么走”的大讨论，也是以一个时代的青年的苦闷为切入点，我们能从里面汲取到一些什么样的东西？它为什么能够成为一代人青春记忆的讨论？

万：这个问题实际上给我们一个很重要的启示，我给学生讲《青年学》，课上我们去探讨青年的本质，青年人从主观上，从思想意识的层面，他们是面向未来的，对未来充满着热情的向往。虽然他们有时候不一定愿意表达，但是理想这个东西，在青年思想意识这个层面，实际上它是一个非常重要的存在。

当时的青年提出“人生的路为什么越走越窄”这样的问题，其实说明他在追求美好人生的过程当中，出现了一些困惑，产生了一些困扰，引发他去思考。他为什么要去思考？他并没有说真正地去“躺平”，或者得过且过。他在思考，就说明他在追求某些东西，所以这也是我们教育和引导青少年的一个非常重要的有利方面。

今天的青年当中出现所谓“内卷”，出现一些自称“佛系”“躺平”的现象。他为什么会用这样的一种语言表达出来?其实就说明他很在意这些东西，他在意我的生活怎么样?我今后能发展到什么样?我能够创造多大的价值?从这个角度来看，我觉得在青年群体中弘扬科学家精神、培育科学家精神不仅是必要的，而且也是可能的。因为从青年的角度来讲，他们总是在寻找他们可以去学习、可以去效仿的一些榜样。

而我们把科学家生动的故事，他们的成长经历，特别是他们在奋斗过程当中所经历过的哪些曲折，他们是怎么面对的，来告诉今天的青年，是有益于他们去探索人生的路，有益于他们的进步和成长的。

这些年来，我一直坚持做华中师范大学恽代英班的班主任，我们那个班的一个理念就是让优秀的人更加优秀。我们一定要重视对青少年当中那些积极先进群体的教育和引导，让青少年群体当中能够有一批具有良好思想道德素质，具体比如说具有科学家精神所要求的爱国、创新、奉献等精神品质的青少年成为“排头兵”，要让这部分先进群体不断扩大甚至成为主流，那么它就可以对整个群体产生一种带动作用。

现在是负能量的东西太多了，包括自媒体的泛滥，很多正面的东西说一遍就完了，但是消极负面的东西，往往会反复不断地传播，它的传播频率高、传播强度大，给人的感觉似乎就是这样的。所以在正面的宣传教育方面，我们真的要有更多的作为才行。这里面要契合今天青少年的特点，在内容的选择、形式的创新等方面都得去下一番功夫。

雷：有这样一个观点：一方面，我们看到“内卷”，不仅仅是分数的“卷”，大家普遍地去往公务员系统、挤破脑袋往大城市，每一个人实际上关注自我量化的标准越来越精细化，从小时候的被“鸡娃”开始，一直到高考、找工作、保研等。另一个方面，在广大的农村，或者说一些企业，我们慢慢看到也有很多年轻人在那里成长的速度可能都还比较快，但当前很多青年人他没有看到这个东西。

万：我觉得这里也有它的必然性。一方面，我们今天社会的主要矛盾，它表现出来的是发展不平衡、不充分的现实。另一方面，从每个人的角度来讲，他总是追求良好的生活环境、工作条件。

雷：很多人到农村也好，到欠发达地区也好，实际上正是在这些迫切需要人才的地方，能迎来更快的成长。这样的一个巨大的需求实际上给他提供了一个加速度。如果从经济学的角度来讲，实际上是从红海里面转到蓝海里面去了。

万：这也说明，我们确实要大力弘扬科学家精神，因为，有这种精神追求的人，他可能不会特别在意当下能获得的东西，他也可能会选择在别人看来不是很合理，甚至不是很明智的方式和道路，去做这样的事情。

雷：但是他的目标远大，对他自己身上的目光其实已经放开了。

万：他把自己的眼光投放得比较远，眼下的这一种改变，或者说这种相对不是很理想的状况，恰恰可能为他提供更多作为的空间和可能性。比如说现在一方面，如果我在大城市，确实可以享受很多便利的现代生活条件，但是在大城市里面，在今天这种大家普遍认为很“卷”的情况下，相当多的青年的生活可能就是一条相对平稳的直线，个人的价值也不一定会得到很大的丰富；而如果就像我们过去常常讲的，到祖国最需要的地方去，眼下的生活条件、工作条件可能都比较差，但是那些事是有很好发展前景的。比如说农村，我们说中国要强大，要建设社会主义现代化强国，它不可能只是城市的现代化，一定要有农村的现代化。

那么这样的话，其实到农村去，现在你去干事创业，我觉得稍微把眼光放远一点的话，你一定会看到它是一个很有前途的事业，应该讲它就是一个比较明智的选择，同样，你也可以创造出一种美好的生活，更重要的是你可以创造出更大的价值。

但现在的情况下，很多人不愿意，也不敢放弃现有的、唾手可得的条件、平台、机会，而去选择其他的。而当我们真正有了一种对真理的追求，有一种爱国奉献的精神，把个人的小我跟整个国家建设社会主义现代化强国，实现中华民族伟大复兴这样的宏大的社会理想，结合起来融入进去的话，那么他可能会做出更符合这个时代发展需要的一些选择。这就需要我们去教育，需要我们去引导。这里面就包括从政策层面的引导，社会宣传先进典型人物形成的一种示范效应，还包括党对青年中的先进群体，共产党员、共青团员的一种教育，多管齐下。引导青年从关注自己的需求，到关注他人的需求，关注国家的需求，关注时代的需求，把自己真正地、很好地融入这个社会、这个国家、这个时代，这是我们思想教育要做的事情。

雷：我采访过很多院士，的确有一个普遍的观点——只要把个人的成长融入国家的需求中去，对他的成长就提供了一个加速度。

万：前几年疫情期间，我们面对一个人类很缺乏了解的新的疾病，一种不断变异的病毒，有专业知识的人都知道这里面充满着危险。但是那些病毒学家、医生，他们有一种强大的责任感，有一种对真理、对科学的追求，就有了一种无穷的动力。他就会冒着生命危险奔赴疫情防控一线，他觉得这是有意义的，这是有价值的，这是值得我们去为之冒险、为之奉献的事情。

有了这样的精神之后，我想我们的年轻人，遇到再大的问题、再大的困难，都会有一个非常正确的态度，所以我们需要用各种各样的方式，深入青年群体当中做宣传、做引导。我觉得讲好科学家的故事，弘扬科学家的精神真的太重要了。

一代青年的成长需要崇高精神引领

雷：我前年采访当时的武汉大学校长窦贤康院士时，他提出一个观点，培养强国一代的关键就在今天的大学校园。因为恰恰是“95后”“00后”的这一代人到2035年、2050年正好是一个中坚力量。

万：的确是这样。而且这个教育还可以延续到更早。现在家庭教育要引起社会高度的重视，现在很多学生在青少年时期的问题，追溯原因可能跟他从小在家庭受到的教育有关。因为家庭是他出生以后的第一所学校，家长的表现和观念，对孩子的影响至关重要。

我2014年到英国考察学习的时候曾经和英国的教授们讨论过当年发生的伦敦骚乱事件。为什么会有那么多的青少年，特别是在校的高中生卷入其中？普遍认为是英国的教育出了问题，学校教育出了问题，家庭教育出了问题。后来英国政府更加重视改进学校的教育，同时有一些非政府组织联合多种力量发起一个所谓家长教育运动，喊出了一个非常响亮的口号——没有合格的家长，就没有未来社会合格的公民。这对我们来讲是有启发作用的。今天的家长是什么样，孩子们未来可能就是什么样，青少年可能就是什么样。我觉得一定要重视当下，从家庭教育开始，重视家庭和学校对于青少年学生的教育。要通过弘扬科学家精神这样的一些教育活动去帮助青少年确立并坚定理想信念，强化他们的责任感，引导他们把自己的小我更好地和祖国，和我们这个时代结合起来，在全面建成社会主义现代化强国的历史进程当中去创造和实现自己的人生价值。

雷：以前社会上一度说，“90后”一代是吃肯德基长大的一代，是说火星文的一代，现在“00后”进入大学阶段了。对这样一代青年人您怎么评价？像国外20世纪五六十年代，当它的经济发展起来的时候，出现了披头士、嬉皮士等现象，物质加速发展的同时，一定程度上精神建设跟不上来的时候，也会产生青年的时代性问题。

万：首先，我觉得对任何一个时代的青少年，我们都要持一种乐观和积极的态度，因为人类社会发展的客观规律就是，青年就是未来。如果我们对今天的青年缺乏信心，实际上就是对我们人类社会的未来缺乏信心。其次，“00后”一代，他们的思想观念、行为方式、生活方式，包括生活态度，和过去的一代，特别是更早时代的那些人相比，确实有很多的不同，我觉得这也是社会发展到今天，对他们影响的结果。

按照马克思主义的基本观点，社会存在决定社会意识。社会发展到今天，从某种意义上讲，我们不能够用过去的那些思想观念来看待今天的青少年。无论是从思想观念的层面、行为方式的层面，还是从青少年的个体来看，都会有很多积极向上的典型，并不是所有的青年都是让我们特别担心的。刚才我们说了，包括“内卷”“躺平”等话题，一部分还是有一些无奈、自嘲的成分，实际上应该看到他们内心还是葆有对美好人生的追求。

另外，现在青年当中也不乏各种各样的先进典型，无论是政治上的，还是道德层面的，比如，青年志愿者行动。平常可能看不出来，但当发生一些重大事情，一些重大灾害比如2020年武汉的疫情来说，有很多年轻人，比如青年警察、青年消防队员、青年医生、青年军人、青年大学生，还有社会上的一些青年，他们都马上积极投入迎战危机当中。这样的先进典型太多了。

所以我们一定要对这一代青年人充满信心。但是同时我们也要注意到，在今天这样一种社会时代条件下，尤其是在国际环境的影响下，像美国从来就没有放弃对青少年的争夺。马克思主义青年观，包括邓小平的青年思想里面，讲得非常清楚，青少年从来都是各种阶级势力争夺的主要对象。美国对中国也一直在进行着所谓“颜色革命”“和平演变”。美国前总统尼克松说过，改变中国在他的第三代和第四代，“当有一天，中国的年轻人已经不再相信他们老祖宗的教导和他们的传统文化，我们美国人就不战而胜了……”今天我们看来他的这种预言肯定不可能实现，但是我们要重视青少年当中出现的一些问题，比如说理想追求、职业选择、生活方式，等等。确实我们要重视这里面一些问题性因素，我们需要用一些积极的、正面的、正能量的思想文化资源，包括科学家精神在内的这种思想文化资源，去影响、去引导青少年解决问题，一方面要充满信心，另一方面要正视问题。

这样的话，我想我们中国的青少年应该也一定能够去担当责任和使命，我们的国家才有希望。

讲清道理提振青少年信心，是迫在眉睫的事情

雷：比如说一个年轻人站在您面前，他可能就会问，而且的

确就是现在社会上有很多的年轻人也在思考这样的一个问题，就是世界上凡是经济体量跻身世界第二的国家，最后可能都要经历数十年的衰退，中国会不会这样?

万：现在大家关注的是什么?是在做老二的国家，在和老大之间的这种斗争当中，他没有赢，所以他一定会衰败。但是实际上历史上第一次老大和老二的斗争是老二赢了，那么衰败的不是老二，衰败的是老大。这就是英国和美国的故事。只是后来，美国和日本，美国和欧洲，日本和欧洲是败下阵来了。所以从历史看，不是没有世界第二战胜世界第一的案例。

我们应该相信中国，一个是我们的制度优势，另外一个是我们有改革开放以来所创造的巨大的物质基础和物质财富。此外，我们还有一些美国人不能离开我们的一些东西，在中美博弈过程中美国人未必能够占得了便宜。这里面也是我们要加强的——就是要提振包括青少年在内的咱们全体中国人的信心，现在是迫在眉睫的事情。

雷：这两天有一个好消息，就是华为MATE60手机的推出，它的确给了大家一剂强心针。但是这一段时间以来，美国科技的“卡脖子”的确让整个社会，包括青少年群体中间出现的一种恐慌心理可能是普遍存在的。您怎么看?

万：实际上很多院士之所以能成为院士，他们都是在解决“卡脖子”的工程中成长起来的。比如欧阳自远院士等，他们大学入校的时候，中国还被称为贫油国，甚至连火柴都是洋火柴。现在这些概念对今天的青少年都很遥远，恰恰是因为每一个这样的“卡脖子”问题都已经被解决了。

所谓“卡脖子”换一个角度看，实际上是给我们创造新的机会。中国人恰恰是在没有人卡我们的时候，我们有点迷失自我，我们在什么东西都能买到的情况下，不再重视自己去研发，自己去创新，自己去创造，我们满足于去买、去租，但当所有的东西被其他势力卡我们的脖子的时候，恰恰是我们中国人在这个方面奋起、突破、创新和创造的重大机遇。

这次华为证明什么呢？虽然你卡我，但是中国人有条件、有智慧、有力量去突破这些东西，所以他选择的这个发布时机也是挺有意思，就在你美国的（官员）到中国来（的时候），中美关系处于这样一个非常关键的敏感时期，来发布这个，证明中国是有能力去造出你那些东西的。所以美国现在赶紧把那个芯片就又放开了很大一部分。

美国的一个观点就是凡是我卡不住你的，我都可以卖给你。其实一方面这种“卡脖子”给我们经济发展、社会发展，包括对我们每一个人的发展应该说都带来深刻的影响，同时又让中国人认识到，就像总书记最近经常告诫反复强调的就是我们一定要有自信、自立、自强的精神。有了这种精神之后，加上我们的制度优势，加上我们的举国体制，我们相信美国人卡我们的东西，或者世界上其他的一些强大的势力，卡我们的那些东西，只会越来越少。你看历史上，从原子弹、氢弹，到后来的卫星，就是这样的例子。

培养出一批先进的青少年发挥同辈带动作用

雷：一百年前周恩来总理说要“为中华之崛起而读书”。欧阳自远院士也曾讲到一个故事：当年他本来可以考北大清华，但是他却报了北京地质学院。因为高考那年，毛主席在广播里面说了这样一句话，“年轻一代的学子要去唤醒祖国沉睡的高山大地”。

有一种观点，期待今天在青少年中出现更多振聋发聩的警句。

万：对，现在感觉确实不够。现在我们就需要拥有这样能够唤醒当代青少年的一些号召。目前这些声音有没有？有，但是还比较弱。今天这样一个情况下，为什么很多人还是对国家的经济发展形势产生某种预判，还是缺乏信心。因为更多的人都在考虑自己个人眼前的一种利益，但解决这些问题一定是需要有一群有长远的目光、不惜牺牲自我、朝着这个目标去奋斗的人。

但现在关键是大家对经济发展缺乏信心，在某种程度上讲是缺乏这样的一些人，导致大家对这个方面没有信心，觉得现在没有这样的人，或者说很少有这样的人。如果说我们相信现在还有一批像20世纪50年代敢于抛弃小我，去荒漠地区艰苦探索的人，如果我们有这样的信心，那我觉得我们今天的中国就大有希望。怎么去造就这样的人呢？值得思考。

前面我们讨论当中也有涉及这个问题。我觉得首先就要加强青少年的教育，包括培育科学家精神、工匠精神、教育家精神，等等。此外，社会还是要去创造一些更好的、有利于人才成长的制度机制，在政策上怎么能够有利于这样的人脱颖而出，从社会的氛围环境当中，怎么能够让他们获得应有的社会地位。还有一个就是从小加强对青少年的教育，让他们觉得追求真理，为科学献身，是很光荣的事情。

其实现在“00后”这一代，他们对于那种世俗的利益的东西，并不是看得那么重，比如说他们消费那么大方干什么？其实他对钱，对消费的理解，我觉得跟前些年相比，有很大的改变。关键问题是了解他们为什么那么率性？就是他们只做自己认为对的事情。但问题是什么样的事情才是对的？我觉得这需要有人去告诉他，需要有人去教育和引导他。这一方面要靠教育工作者，靠社会去倡导。另一方面更重要的，我觉得是要在青少年群体当中培养出一批先进的青少年，发挥同辈群体的带动作用。

雷：讲了那么多，实际上都跟我们的大思政课、跟高校的思政教育是直接相关的。当前，我们看到高校的思政教育，可能存在两张皮现象，比如讲的还是原来的专业知识，非要一个思政的标签；有的一说给年轻人讲思政课就是弄舞台剧。针对大学生这样一个群体，除了给一个糖果的甜味以外，是不是我们还需要一些别的东西？

万：这是肯定的，思想类教育的途径要进一步拓展，方式方法要创新，包括刚才讲到的大思政建设，国家很重视。但实际上现在推进得比较难，因为这里面有一些比较现实的困难，比如说现在学生群体这么大，以什么样的方式更方便、更安全地进入社会当中去接受教育？这就是目前很多学校担心的一个问题，组织很难。沉浸式、体验式的舞台剧，其实它也是一种方式。因为我不可能把所有的人都带到那个现场，那么我可以把现场搬到青年的身边，这都是一些方式方法的创新。

但是确实还需要更深的内涵。总书记说思政课的本质是讲道理，要求我们把道理讲深、讲透、讲活，现在讲活是比较容易的，但是如果我们没讲深、没讲透，光有“活”，其实有可能有时候那种“活”不一定是我们真正所需要的，可能跑偏了。

所以现在对教育者的教育要加强。思政课教师队伍建设，前两年是重在壮大队伍，解决人不够的问题，现在就是更重视对思政课教师的培养培训，希望提高他们的教学能力、教育能力，特别是要夯实他们的理论功底。首先他能把道理讲深讲透，才能让学生学透、悟透。不能够仅仅去追求“讲活”，没有深、没有透那就是流于形式，对真正实现教育教学的目标，落实立德树人的根本任务，就起不到应有的作用，所以需要有一批高素质的教育工作者来承担教育任务。就像我们讲家庭教育时强调得教育好家长，那么学校的教育还得是教育好、培养好老师。现在教师教育这一块，教师队伍建设这一块，这几年非常重视，但确实还要加强，也只有提高了这支队伍的素质和能力，才能真正承担起教育好、引导好青少年的责任和使命。

（雷宇、张子航，2023年9月于华中师范大学马克思主义学院会议室）

图书在版编目（CIP）数据

院士的青葱岁月/雷宇编著.—北京：中国青年出版社，2025.3（2025.11重印）

ISBN 978-7-5153-7187-0

Ⅰ.①院… Ⅱ.①雷… Ⅲ.①通讯—作品集—中国—当代 Ⅳ.①I253

中国国家版本馆CIP数据核字（2023）第241529号

责任编辑：彭岩
出版发行：中国青年出版社
社　　址：北京市东城区东四十二条21号
网　　址：www.cyp.com.cn
编辑中心：010－57350407
营销中心：010－57350370
经　　销：新华书店
印　　刷：北京汇瑞嘉合文化发展有限公司
规　　格：710mm×1000mm　1/16
印　　张：23.5
字　　数：270千字
版　　次：2025年3月北京第1版
印　　次：2025年11月北京第2次印刷
定　　价：88.00元

如有印装质量问题，请凭购书发票与质检部联系调换
联系电话：010－57350337